Sommaire

Aristote

Invitation à la philosophie

(Protreptique)

Traduit du grec par
Jacques Follon

Dossier et notes réalisés par
Pierre Dulau

Lecture d'image par
Bertrand Leclair

folioplus
philosophie

Pierre Dulau (né en 1978) est agrégé de philosophie et docteur de l'université de Paris IV-Sorbonne. Il enseigne actuellement la philosophie en terminale à Nancy.

Bertrand Leclair (né en 1961) est romancier, essayiste et critique littéraire. Il travaille à *La Quinzaine littéraire* depuis 1996, après avoir collaboré à différents journaux. Il est l'auteur, entre autres, de *Movi Sévaze* (Verticales, 2001), *La Main du scribe* (Mercure de France, 2002), *Verticalités de la littérature* (Champ Vallon, 2005) et du *Bonheur d'avoir une âme* (Maren Sell, 2005). Il est également l'auteur de fictions radiophoniques, dont *Les Derniers Jours de Paul Gauguin* (France Culture, 2003).

Invitation à la philosophie

(Protreptique)

I

Il n'y a personne, Thémison [1], qui ait plus de biens que toi pour philosopher. Car tu as de grandes richesses, de sorte que tu peux faire des dépenses dans ce but, et, en outre, tu jouis d'une certaine renommée.

Ces choses [les richesses] [2] peuvent pourtant empêcher de poser un acte qu'on a choisi comme un devoir [3]. C'est pourquoi, contemplant l'infortune de ces gens [4], il faut l'éviter et considérer que le bonheur n'est pas dans le fait d'avoir acquis une foule de choses, mais plutôt dans la manière dont l'âme est disposée. Car on peut affirmer que ce n'est pas le corps paré d'un vêtement magnifique qui est bienheureux, mais celui qui a une bonne santé et de sérieuses dispositions, même si aucune des choses qu'on

1. Thémison est le roi d'une cité de Chypre, il est le destinataire de la lettre d'Aristote. Nous ne connaissons son existence que par ce seul témoignage. L'ensemble du texte est une exhortation à la philosophie par laquelle Aristote cherche à convertir son interlocuteur aux exigences de la rationalité.

2. Les mots entre crochets correspondent à des passages mutilés.

3. La phrase signifie peut-être (ce serait cohérent avec la suite du texte) que les richesses, suivant l'usage que l'on en fait, peuvent nuire à la recherche du bien et de la vérité.

4. Ceux qui usent mal des richesses.

vient de dire n'est à sa portée. De même, si une âme a été éduquée[1], c'est une telle âme et un tel homme qui doivent être appelés « heureux », et non point l'homme magnifiquement pourvu de biens extérieurs, mais qui ne vaut rien par lui-même. En effet, si un cheval a un mors en or et un harnachement somptueux, mais qu'il a des défauts, nous ne considérons pas qu'il vaut quelque chose ; mais c'est plutôt quand il a des dispositions sérieuses que nous en faisons l'éloge.

En outre, à ceux qui ne valent rien, il arrive, quand ils se trouvent avoir des ressources, que ces acquisitions ont pour eux plus de valeur que les biens de l'âme, ce qui est vraiment le comble de la vilenie ! Car de même qu'un homme devient ridicule quand il est inférieur à ses domestiques, de même ceux auxquels il arrive de donner plus de valeur à leurs acquisitions qu'à leur nature particulière[2], il faut les considérer comme misérables.

Et il en est vraiment ainsi. Car, comme dit le proverbe, la surabondance enfante l'insolence, de même que le manque d'éducation joint à de grands moyens engendre la folie. En effet, pour ceux qui sont dans de mauvaises dispositions en ce qui concerne les choses de l'âme, ni la richesse, ni la force, ni la beauté ne sont des biens. Mais d'autant, plus ces dernières dispositions surabondent, d'autant plus gravement et plus souvent nuisent-elles à celui qui les a acquises, si elles sont présentes sans sagesse. Car l'expression « Pas de couteau à un enfant ! » revient à dire de ne pas mettre de grands moyens entre les mains de gens qui ont des défauts.

---

1. Ici apparaît le thème de l'éducation de l'âme. La philosophie sera déterminée comme l'exercice approprié lui permettant de bien croître et de parvenir au bonheur grâce à la discipline du jugement.
2. Le propre de l'homme, c'est-à-dire la pensée.

2

Tout le monde admettra que la sagesse provient de l'étude et de la recherche des choses que la philosophie nous a donné la capacité [d'étudier], si bien que, d'une manière ou d'une autre, il faut philosopher sans faux-fuyants[1]...

Il y a des cas où, en acceptant toutes les significations d'un mot, il est possible de démolir la position soutenue par l'adversaire en se référant à chacune des significations. Par exemple, supposons que quelqu'un dise qu'il n'est pas nécessaire de philosopher : puisque « philosopher » veut dire aussi bien « chercher s'il faut philosopher ou non » que « poursuivre la contemplation philosophique », en montrant que l'une et l'autre de ces activités sont propres à l'homme, nous détruirons complètement la position défendue par l'adversaire[2].

De plus, il y a des sciences qui produisent chacune des commodités de la vie, et d'autres qui font usage des premières, de même qu'il y en a qui sont servantes, et d'autres prescriptives : dans ces dernières, en tant qu'elles sont plus aptes à diriger, se trouve ce qui est souverainement bon. Dès lors, si seule la science qui a la rectitude du jugement, qui use de la raison et qui contemple le bien dans sa totalité (c'est-à-dire la philosophie) est capable d'user de toutes les autres et de leur donner des prescriptions conformes à la nature, il faut, de toute manière, philosopher, puisque seule la philosophie contient en soi le jugement correct et la sagesse prescriptive infaillible.

---

1. La phrase est mutilée.
2. Pour une bonne compréhension de ce difficile passage, voir « Les mots du texte », Vérité, p. 51.

3

Parmi les choses engendrées, les unes sont engendrées par une pensée et par un art, comme une habitation ou un navire (car la cause de ces deux choses est un art ou une pensée), tandis que les autres ne le sont grâce à aucun art, mais grâce à la nature. En effet, la cause des animaux et des plantes est la nature, et toutes les choses de ce genre sont engendrées conformément à la nature. Mais certaines choses sont aussi engendrées grâce au hasard. En effet, toutes celles qui ne sont engendrées ni grâce à un art, ni grâce à la nature, ni par suite de la nécessite, nous disons qu'elles sont, pour la plupart, engendrées grâce au hasard.

Or aucune chose engendrée par hasard n'est engendrée en vue d'un but, et il n'y a pas pour elle d'accomplissement. En revanche, pour les choses engendrées par un art, il y a accomplissement et but poursuivi (car celui qui possède l'art te donnera toujours la raison pour laquelle il a fait des dessins, ainsi que le but qu'il poursuivait), et ce but est meilleur que ce qui est engendre à cause de lui. Je parle des choses dont l'art est cause par sa nature propre, et non par coïncidence. Car nous pouvons poser en principe qu'au sens propre la médecine est cause de la santé plutôt que de la maladie, et que l'architecture est cause de l'habitation, mais non de sa démolition ! Tout ce qui existe conformément à l'art est donc engendré en vue d'un but, et celui-ci est son accomplissement le meilleur ; mais ce qui existe grâce au hasard n'est pas engendré en vue d'un but. Car, même s'il peut arriver que quelque chose de bon vienne aussi du hasard, conformément au hasard et en tant que cela vient du hasard ce n'est pas bon (ce qui est engendré conformément au hasard est toujours indéterminé).

Mais ce qui est engendré en conformité avec la nature l'est certainement en vue d'un but et est toujours constitué en vue d'un but meilleur que celui du produit de l'art.

En effet, ce n'est pas la nature qui imite l'art, mais l'art qui imite la nature et qui existe pour aider et compléter ce que la nature a négligé. Car la nature semble capable d'accomplir certaines choses par elle-même et sans avoir besoin d'aucune aide, mais d'autres difficilement ou pas du tout. Un exemple immédiat est celui des genèses : n'est-il pas vrai que certaines semences, en quelque terre qu'elles tombent, germent sans protection, alors que d'autres ont en outre besoin de l'art du cultivateur ? À peu près de la même façon aussi, certains animaux assument par eux-mêmes toute leur nature, alors que l'homme a besoin de beaucoup d'arts pour sa préservation, aussi bien lors de la genèse première [1], que, plus tard, pendant la nutrition.

Si donc l'art imite la nature, c'est de celle-ci que s'ensuit, pour les arts aussi, le fait que toute genèse se produit en vue d'un but. Car on admettra que tout ce qui est engendré correctement est engendré en vue d'un but. Or ce qui est engendré d'une belle manière est engendré correctement. Et tout ce qui est ou a été engendré en conformité avec la nature est ou a été engendré d'une belle manière, s'il est vrai que ce qui va à l'encontre de la nature est défectueux et contraire à ce qui existe en conformité avec elle. Par conséquent, la genèse conforme à la nature se produit en vue d'un but.

C'est ce qu'on peut voir aussi à partir de chacune de nos parties. Par exemple, si tu réfléchis à la paupière, tu verras qu'elle n'a pas été engendrée en vain, mais bien pour aider les yeux, afin de leur procurer du repos et d'en interdire l'accès à ce qui agresse la vue. Le but dans lequel une chose a été engendrée est donc le même que celui dans lequel elle *devait* être engendrée : par exemple, si un navire *devait* être engendré en vue du transport maritime, c'est aussi pour cette raison qu'il a été engendré.

Or les animaux font partie des choses qui ont été engen-

1. Lors de sa naissance.

drées naturellement, tous sans exception, ou du moins les meilleurs et les plus honorables[1]. Car cela ne fait aucune différence si l'on croit que la plupart d'entre eux ont été engendrés contre nature, pour détruire ou nuire. Au moins l'homme est-il le plus honorable d'entre les animaux d'ici-bas, de sorte qu'il est clair qu'il a été engendré par nature et en conformité avec la nature[2].

Ainsi, de toute chose, l'accomplissement est toujours meilleur [que la chose même], car toutes les choses engendrées sont engendrées en vue de leur accomplissement, et le but visé est meilleur, et même, de toutes choses, c'est la meilleure. D'autre part, l'accomplissement naturel est ce qui s'accomplit naturellement en dernier lieu dans l'ordre de la genèse, quand la genèse s'effectue continûment. Aussi est-ce d'abord ce qui relève du corps humain qui arrive à l'accomplissement, puis c'est ce qui relève de l'âme (c'est-à-dire que l'accomplissement du meilleur vient toujours, en quelque sorte, au terme de la genèse). Donc l'âme vient après le corps, et ce qui, parmi les qualités de l'âme, vient en dernier lieu est la sagesse. Car nous voyons que c'est

---

1. L'homme est parmi les animaux seul digne d'honneurs et de louanges, car il est celui en qui se déploie la rationalité. Il est le seul qui entre en « conformité avec la nature », parce qu'il est le seul à pouvoir la comprendre et la faire sienne par sa pensée et son art (*tekné*) ; il est donc l'être en lequel la nature se retrouve elle-même en passant par la médiation de son différent, la pensée.

2. Pour bien comprendre ce passage, il faut distinguer quatre cas de figure. Le premier où la chose est engendrée par l'art : un menuisier fait une chaise. Le deuxième où la chose est engendrée par le hasard, sans but ni nécessité : un incendie de forêt accidentel. Le troisième où la chose est engendrée par nature mais en ne suivant pas la nécessité de la nature, c'est-à-dire où la chose n'entre pas en conformité avec la nature conçue comme principe : c'est le cas des monstres, échecs de la continuité organique pour Aristote. Le quatrième cas est celui où la chose est engendrée par nature, l'homme de constitution normale, et entre en conformité avec elle, l'homme devenu sage grâce à la philosophie. Ces cas forment pour le philosophe la totalité des modes possibles d'engendrement d'une chose.

naturellement la dernière chose à être engendrée chez les hommes. Et c'est pourquoi la vieillesse fait valoir ses droits sur ce seul bien. C'est donc une certaine sagesse qui est, conformément à la nature, notre accomplissement, et exercer la sagesse est le but ultime pour lequel nous avons été engendrés. Par conséquent, si nous avons été engendrés, il est clair que nous existons aussi en vue d'exercer la sagesse et de nous instruire.

Parmi ce qui existe, qu'est donc ce pour quoi la nature et la divinité nous ont engendrés ? Interrogé là-dessus, Pythagore[1] répondit : « Pour contempler le ciel. » Et lui-même déclarait être un contemplateur de la nature et être venu à la vie en vue de cela.

Et l'on affirme aussi qu'Anaxagore[2], interrogé sur le but en vue duquel on devrait choisir d'être engendré et de vivre, fit à cette question la réponse suivante : « Pour contempler le ciel et ce qu'il contient : les astres, la lune et le soleil », comme si tout le reste n'eût aucune valeur.

Dès lors, conformément à ce raisonnement du moins, Pythagore disait bellement que tout homme a été constitué par Dieu pour connaître et contempler. Mais quant à savoir si ce qui est à connaître est le cosmos ou bien quelque autre nature, c'est ce qu'il faudra sans doute examiner plus tard.

---

1. Déjà pour Aristote, Pythagore était devenu un personnage de légende. Nous ne savons maintenant rien de certain sur lui. Selon toute vraisemblance, il serait mort au début du ve siècle avant J.-C. Son nom fut en tous les cas lié à des révélations occultes, des pouvoirs magiques (thaumaturgie), et des connaissances astronomiques et mathématiques. Le théorème qui porte son nom est sans doute l'œuvre d'un de ses disciples, membre de l'école qui plus tard fut appelée pythagoricienne.

2. Anaxagore de Clazomènes (ville d'Ionie, actuelle Turquie, mort vers 428 avant J.-C) : penseur présocratique dont l'importance semble avoir été capitale pour le développement de la philosophie. Plutarque rapporte que ses contemporains l'appelaient le *noos*, l'esprit, tant il incarnait lui-même la force de la pensée. Sur la polémique entre Anaxagore et Socrate, se référer notamment au *Phédon* (97 b) de Platon.

Pour le moment, cela nous suffira comme première conclusion. En effet, si la sagesse est, conformément à la nature, notre accomplissement, alors, de toutes choses, exercer la sagesse sera la meilleure.

Par conséquent, les autres choses[1], il faut les réaliser en vue des biens engendrés en soi-même, et, parmi ces derniers, il faut réaliser ceux du corps en vue de ceux de l'âme, puis réaliser la vertu en vue de la sagesse ; car celle-ci est ce qu'il y a de plus élevé.

4

La nature tout entière, comme si elle était dotée de raison, ne produit rien au hasard. Au contraire, elle produit tout en vue d'un but : bannissant le hasard, elle s'est souciée du but plus que les arts, car les arts, on le sait, sont des imitations de la nature. Comme l'homme est naturellement constitué d'âme et de corps, que l'âme est supérieure au corps, et que toujours l'inférieur est au service du supérieur, le corps aussi existe en vue de l'âme. Mais rappelons-nous, dans l'âme il y a une partie rationnelle et une partie irrationnelle, c'est-à-dire inférieure, de sorte que la partie irrationnelle existe en vue de la partie rationnelle[2]. Et l'intelligence se trouve dans la partie rationnelle, si bien que la démonstration mène nécessairement à la conclusion que tout existe en vue de l'intelligence.

D'autre part, les intellections de l'intelligence sont des opérations, car elles sont visions des choses intelligibles, de la même manière que l'opération de la capacité visuelle

1. C'est-à-dire tout ce qui ne relève pas de l'exercice et de la discipline du jugement rationnel.

2. Ce schéma dualiste où l'âme est constituée d'une partie rationnelle et d'une partie irrationnelle est entièrement platonicien, voir *Phèdre,* 246 b.

consiste à voir les choses visibles. C'est donc en vue de l'intellection et de l'intelligence que toute chose est digne d'être choisie par les hommes, s'il est vrai tout d'abord que tout le reste est digne d'être choisi en vue de l'âme, ensuite que l'intelligence est dans l'âme la partie la meilleure, et enfin que tout le reste subsiste en fonction du meilleur.

Et répétons-le : parmi les pensées, sont libres celles qui sont dignes d'être choisies pour elles-mêmes, tandis que celles qui fondent la connaissance sur d'autres motifs ressemblent à des femmes esclaves. Or partout ce qui est digne d'être choisi pour soi-même est supérieur à ce qui n'est digne d'être choisi que pour d'autres choses, parce que ce qui est libre est aussi supérieur à ce qui ne l'est pas.

Quand nos actions font usage de la pensée, même si l'agent y met à la base le profit et les mène en ce sens, néanmoins il suit certainement la pensée. Certes, il a besoin du corps comme d'un serviteur et il est aussi exposé au hasard. [Mais habituellement il accomplit ces actions où l'intelligence est souveraine, même si la plupart des actions sont accomplies avec le corps comme instrument[1].]

Dès lors, parmi les pensées, celles qui sont dignes de choix à cause de la contemplation pure sont plus honorables et supérieures à celles qui sont utiles pour d'autres choses. Mais les contemplations sont honorables en elles-mêmes et, parmi elles, c'est le savoir de l'intelligence qui est digne de choix, alors que les pensées qui relèvent de la sagesse sont honorables à cause des actions [qui en découlent]. Par suite, le bon et l'honorable se trouvent dans les activités contem-

1. Le texte placé entre crochets est peu clair, mais semble vouloir signifier que du fait de notre existence corporelle, physique, nous sommes soumis au hasard (*automaton*) : contingence des affections, imprévisibilité des événements naturels, etc. Toutefois, si c'est la pensée souveraine qui gouverne notre comportement, et non les passions ou le désir, alors le corps reste à sa place de serviteur, d'instrument, d'esclave de la rationalité.

platives qui relèvent du savoir, et certainement pas, répétons-le, dans n'importe quelles activités contemplatives.

Car ce par quoi nous différons des autres animaux brille seulement dans cette vie-là [1], où, disions-nous, il n'y a rien qui soit dû au hasard ou sans grande valeur. En effet, même s'il y a, chez eux aussi, de petites lueurs de raison et de sagesse, ils n'ont absolument aucune part au savoir contemplatif. Mais pour ce qui est des sensations et des impulsions, l'homme le cède en exactitude et en force à maints animaux.

5

Or donc, que nous sommes capables d'apprendre les sciences qui traitent de ce qui est juste et profitable, ainsi que celles qui traitent de la nature et du reste de la vérité, voilà qui est facile à montrer.

En effet, l'antérieur est toujours plus connaissable que le postérieur, et ce qui est meilleur par nature, plus connaissable que ce qui est moins bon. Car la science a pour objet le déterminé et l'ordonné plutôt que leurs contraires, et les causes plutôt que les effets. Or le bien est plus déterminé et ordonné que le mal, de même qu'un homme convenable est plus déterminé et ordonné qu'un homme qui a des défauts, car entre eux il y a nécessairement la même différence. Et l'antérieur est plus cause que le postérieur, car si le premier [l'antérieur] est supprimé, est supprimé ce qui tient de lui sa substance : les lignes sont supprimées si sont supprimés les nombres, les surfaces le sont aussi si ce sont les lignes, les volumes si ce sont les surfaces, et ce qu'on appelle les syllabes si ce sont les lettres.

Par conséquent, s'il est vrai que l'âme est meilleure que le corps (en effet, elle est naturellement plus apte à gou-

1. La vie contemplative, la vie propre de la pensée, la *théoria*.

verner), et que, pour le corps, il existe des arts et des sagesses, à savoir la médecine et la gymnastique (car nous tenons celles-ci pour des sciences et nous affirmons que certains les ont acquises), il est clair qu'il existe aussi, pour l'âme et les vertus de l'âme, un soin et un art, et que nous sommes capables de les apprendre, puisqu'il en existe également pour des réalités dont notre ignorance est plus grande et qui sont plus difficiles à connaître[1].

Il en va de même pour les choses de la nature. En effet, il est nécessaire qu'il y ait une sagesse des causes et des éléments, bien avant celle des choses qui en procèdent. Car ces dernières ne comptent pas parmi les réalités suprêmes et ce n'est pas d'elles que procèdent naturellement les réalités premières, mais c'est manifestement de celles-ci et par celles-ci que les autres choses sont engendrées et constituées.

En effet, que ce soit le feu, l'air, le nombre ou d'autres natures qui soient causes des autres choses et antérieures à elles, il est impossible de connaître l'une de ces autres choses en ignorant les premières. Car comment connaîtrait-on un mot en ignorant les syllabes, ou celles-ci en ne sachant aucune lettre[2] ?

Ainsi, en ce qui concerne l'existence d'une science de la vérité et de la vertu de l'âme, et la raison pour laquelle nous sommes capables de l'apprendre, ce que nous venons d'en dire suffira.

---

1. Aristote pense sans doute aux révélations des mystères religieux, Déméter, Corè, Éleusis, etc. La question des rapports entre les religions à mystères et la philosophie grecque est extrêmement difficile, toujours débattue, et sans doute à jamais ouverte.

2. Sur tout ce passage, qui pose la nécessité d'un principe ultime absolu de la réalité duquel tout dérive, voir « Les mots du texte », Nature, p. 60.

6

Par ailleurs, que ce soit là le plus grand des biens et celui qui dépasse en avantages tous les autres, c'est évident pour les raisons suivantes. Tous, en effet, nous admettons que doit gouverner celui qui est le plus sérieux et le meilleur par nature, et que la loi seule doit être gouvernante et souveraine. Or elle est une certaine sagesse, c'est-à-dire un raisonnement provenant de la sagesse.

En outre, quelle règle ou quelle détermination plus exacte de ce qui est bien peut-il y avoir pour nous, si ce n'est le sage ? Car tout ce qu'il choisit en le choisissant conformément à la science, tout cela est bon, et le contraire mauvais.

Mais comme tous les hommes choisissent, avant tout, ce qui est conforme à leurs qualités propres (en effet, le juste choisit de vivre dans la justice ; le courageux, dans le courage ; le tempérant, dans la tempérance...), il n'est pas moins clair que le sage choisira avant tout d'exercer la sagesse[1], car c'est là l'œuvre de cette capacité. Aussi est-il évident que, conformément au jugement qui s'impose souverainement, la sagesse est le meilleur des biens.

On peut voir la même chose plus clairement par ce qui suit. Exercer la sagesse et connaître sont en soi des choses dignes d'être choisies par les hommes (car il n'est pas possible de vivre comme des hommes sans elles), et c'est aussi utile pour la vie. En effet, il ne nous advient aucun bien qui ne soit pas accompli après que nous ayons calculé et œuvré conformément à la sagesse.

---

1. On trouve ici le catalogue classique des quatre vertus cardinales des Grecs : sagesse, tempérance, courage, justice. Ces vertus apparaissent pour la première fois comme telles chez Pindare (*Néméennes*), Socrate fait leur théorie (*République*, livre 4, 427 e), Aristote les reprend. Le christianisme se les appropriera plus tard, par saint Ambroise notamment à qui l'on doit l'expression de « vertus cardinales ».

7

Mais chercher à ce que toute science engendre autre chose [qu'elle] et à ce qu'elle soit nécessairement utile, c'est là le fait de quelqu'un qui ignore complètement à quel point le bien et le nécessaire sont séparés dès le principe. Car ils diffèrent on ne peut plus. En effet, parmi les choses sans lesquelles il est impossible de vivre, celles qu'on aime pour d'autres choses doivent être appelées choses nécessaires et causes auxiliaires, tandis que celles qu'on aime pour elles-mêmes, quand bien même rien d'autre n'en sortirait, il faut les appeler choses souverainement bonnes. Car ceci n'est pas digne d'être choisi pour cela, puis cela pour autre chose (en progressant ainsi, on va à l'infini !), mais on s'arrête quelque part. Il est donc tout à fait ridicule de chercher dans *toute* chose un profit autre que la chose même, et de demander : « Et alors, quel profit y a-t-il pour nous ? », « Quelle utilité ? ». Car vraiment, répétons-le, un tel individu ne ressemble en rien à celui qui sait ce qui est bel et bon, ni à celui qui fait la distinction entre cause et cause auxiliaire[1].

On verrait que nous disons là tout ce qu'il y a de plus vrai si quelqu'un nous transportait en pensée, par exemple, dans les îles des Bienheureux[2]. Car là-bas on n'aurait besoin de rien et l'on ne retirerait aucun avantage d'aucune autre chose : il ne subsisterait que la pensée et la contemplation, ce que même maintenant nous disons être la vie libre. Mais si c'est vrai, comment ne se sentirait-il pas honteux à juste titre, celui d'entre nous qui, l'occasion se présentant d'ha-

1. Aristote souligne ici le manque de discernement qui empêche de faire la différence entre ce qui est préférable par soi (le souverain bien, absolu, la fin) et ce qui est préférable en vue d'un autre que soi (un bien relatif, subordonné, le moyen).

2. Mythe qui court dans toute l'Antiquité, sorte de paradis grec utopique où les hommes vivent en parfaite autarcie.

biter dans les îles des Bienheureux, en serait incapable par sa propre faute ? Elle n'est donc pas méprisable, la récompense que les hommes obtiennent de la science ! Et il n'est pas petit non plus, le bien qu'elle engendre ! En effet, de même que, comme l'affirment les poètes qui détiennent le savoir, dans l'Hadès nous recevons les gratifications de la justice, de même, dans les îles des Bienheureux on devrait recevoir, semble-t-il, celles de la sagesse.

Il n'est donc nullement étrange que celle-ci ne paraisse ni utile ni avantageuse. Car nous n'affirmons pas qu'elle est avantageuse, mais bonne, et il ne convient pas de la choisir pour autre chose, mais bien pour elle-même. En effet, nous faisons le voyage d'Olympie en vue du seul spectacle, même s'il ne doit y avoir rien en plus (car en elle-même la contemplation est supérieure à une grande quantité d'argent). De même, quand nous contemplons les représentations dionysiaques, ce n'est pas pour recevoir quelque chose de la part des acteurs (au contraire, nous les payons), et nous choisirions beaucoup d'autres spectacles de préférence à une grande quantité d'argent. Eh bien ! de la même façon, on doit faire honneur à la contemplation du Tout plus qu'à toutes les choses qui semblent utiles. Car il ne faut pas, je suppose, d'une part prendre très au sérieux des voyages entrepris dans le but de contempler des hommes qui imitent des femmes et des esclaves, ou qui combattent et qui courent, et d'autre part ne pas croire devoir contempler gratuitement la nature et la vérité des êtres !

8

Mais que la sagesse contemplative nous procure aussi de grands avantages pour la vie humaine, on le découvrira facilement à partir des arts. En effet, de même que les médecins compétents et la plupart des experts en gymnastique admettent volontiers que ceux qui se destinent à être de bons médecins ou de bons gymnastes doivent avoir l'expérience de la nature, de même les bons législateurs doivent aussi avoir l'expérience de la nature, et même beaucoup plus que les premiers. Car les uns sont seulement des artisans de la vertu du corps, mais les autres, qui s'occupent des vertus de l'âme et prétendent donner des enseignements sur le bonheur et le malheur de l'État, ont un besoin bien plus grand de philosophie.

En effet, dans les autres arts (ceux des artisans), c'est en partant de la nature qu'on a découvert les meilleurs instruments, comme dans la construction le fil à plomb, la règle, le compas, que nous avons empruntés, les uns à l'eau, les autres à la lumière et aux rayons du soleil. Et c'est, en en jugeant d'après eux que nous vérifions ce qui est, pour la sensation, suffisamment droit et lisse. Eh bien, de la même façon, l'homme politique doit avoir certains critères tirés de la nature elle-même et de la vérité, d'après lesquels il juge de ce qui est juste, de ce qui est beau, de ce qui est profitable... En effet, de même que là les instruments en question se distinguent entre tous, de même la loi la plus belle est celle qui est instaurée dans la plus grande conformité avec la nature.

Mais cela, il n'est pas possible que celui qui n'a pas philosophé ni connu la vérité soit capable de le faire. Dans les autres arts, les gens atteignent un certain niveau de savoir en empruntant les instruments et les calculs les plus exacts, non pas aux réalités premières elles-mêmes, mais aux réalités secondes, troisièmes, ou énièmes, et ils tirent leurs raisonnements de l'expérience. Mais c'est au philosophe, seul parmi tous, qu'appartient l'imitation à partir des réalités exactes elles-mêmes, car c'est de celles-ci qu'il est contemplateur, et non pas d'imitations.

De même donc que n'est pas un bon constructeur celui qui n'utilise ni règle ni aucun autre instrument de cette sorte, mais s'en remet à d'autres constructions, de même aussi, sans doute, si on établit des lois pour les États ou qu'on exerce des activités [politiques] en regardant et en imitant d'autres activités ou constitutions humaines (celles des Lacédémoniens [1], des Crétois, ou d'autres États de ce genre), on n'est pas un bon législateur ni un homme sérieux. Car il n'est pas possible que l'imitation de ce qui n'est pas beau soit belle, ni que celle de ce qui n'est pas divin et stable par nature soit immortelle et stable. Cependant, il est clair que, parmi les artisans, le philosophe est le seul dont les lois soient stables, et les activités droites et belles.

Seul, en effet, il vit en ayant le regard tourné vers la nature et le divin, et, à l'instar d'un bon timonier [qui s'oriente d'après les étoiles], c'est après avoir arrimé les principes de sa vie aux réalités éternelles et fixes qu'il s'élance et vit par lui-même.

Cette science [la sagesse] est donc contemplative, mais elle nous permet d'être les artisans de tout en conformité avec elle. C'est comme la vue : elle n'est productrice ni artisane de rien (car son seul travail est de juger et de montrer chacune des choses visibles), mais elle nous permet d'agir grâce à elle et nous aide grandement dans nos activités (car, sans elle, nous serions presque totalement immobilisés). De la même manière, il est clair que, bien que la science soit contemplative, nous menons des milliers d'activités en conformité avec elle : nous saisissons telles choses, fuyons telles autres et, d'une manière générale, nous acquérons, grâce à elle, tous les biens.

Celui qui veut examiner soigneusement ces questions ne doit donc pas oublier que tout ce qui est bon et avantageux pour la vie humaine est dans l'usage et dans l'action, et pas seulement dans la connaissance. Car nous ne devenons pas sains en apprenant à connaître les choses qui produisent la santé, mais bien en appliquant celles-ci à nos corps. De même, nous ne devenons pas riches en connaissant la richesse, mais bien en acquérant une grande fortune. Et ce

1. Lacédémone est un autre nom de Sparte.

qui est le plus important de tout : nous ne menons pas une vie bonne en connaissant certains êtres, mais en agissant bien. Car être vraiment heureux, c'est cela. Il s'ensuit que la philosophie aussi, s'il est vrai qu'elle est avantageuse, doit être ou bien l'exercice de bonnes activités, ou bien une chose utile pour de telles activités.

Il ne faut donc pas fuir la philosophie, s'il est vrai que la philosophie est, comme nous le croyons, acquisition et usage du savoir, et que le savoir est parmi les plus grands biens. Et il ne faut pas non plus, pour l'argent, naviguer vers les colonnes d'Hercule[1] et courir de nombreux risques, alors que, pour la cause de la sagesse, on ne supportera ni souffrance ni dépense. C'est le propre d'un esclave de souhaiter ardemment de vivre sans vivre *bien* [intellectuellement et moralement parlant], de suivre les opinions du vulgaire au lieu de prétendre que le vulgaire suive les nôtres, et de rechercher l'argent sans prendre le moindre soin de ce qui est beau. Concernant l'avantage et l'importance de la chose [la philosophie], je considère que cette démonstration suffit.

9

D'autre part, que l'acquisition en soit beaucoup plus facile que celle des autres biens, on peut s'en convaincre par ce qui suit.

En effet, le fait que ceux qui philosophent ne reçoivent des hommes aucun salaire pour lequel ils se donneraient toute cette peine, le fait aussi qu'après avoir concédé aux autres arts une grande avance, ils ont pourtant, en peu de

1. Les colonnes d'Hercule désignent peut-être le détroit de Gibraltar.

temps, pris la tête de la course à l'exactitude, voilà qui me semble un signe de la facilité de la philosophie[1].

Et encore le fait que tout le monde s'y sente chez soi et veuille s'y consacrer en laissant tomber tout le reste, n'est pas un mince témoignage de ce que l'assiduité dont on fait preuve à son égard s'accompagne de plaisir. Car personne ne veut souffrir très longtemps. De plus, l'usage en est considérablement différent de tous les autres. Car, pour y œuvrer, on n'a nul besoin d'instruments ou de lieux [particuliers], mais, en quelque endroit du monde habité où l'on fixe la pensée, de partout on atteint identiquement la vérité comme si elle y était présente.

On a donc démontré que la philosophie est possible, qu'elle est le plus grand des biens et qu'elle est facile à acquérir. Aussi mérite-t-elle, pour toutes ces raisons, qu'on s'y attache avec ardeur.

10

En outre, une des parties en nous est l'âme, l'autre est le corps ; l'une gouverne, l'autre est gouvernée ; l'une utilise, l'autre est soumise comme un instrument. Or toujours l'utilisation de ce qui est gouverné et qui est un instrument est subordonnée à ce qui gouverne et qui utilise.

Mais une partie de l'âme est la raison — c'est précisément la partie qui, conformément à la nature, gouverne et

1. La philosophie est tard venue dans les sciences, après que les mathématiques, l'astronomie et la médecine se sont développées. Pourtant, ses progrès sont fulgurants et elle intègre en elle les acquis disparates des autres disciplines qui comme telles lui sont en principe subordonnées. L'on trouve un écho de ce thème dans la fameuse formule de Hegel (1770-1831) extraite de l'*Introduction au système de la science* : c'est à la tombée de la nuit (une fois que tout est déjà arrivé) que la chouette de Minerve prend son envol (que la philosophie se déploie comme science générale réconciliatrice des divergences propres aux sciences particulières).

juge les affaires qui nous concernent —; tandis que l'autre suit et a pour nature d'être gouvernée. Or toute chose est bien disposée quand elle l'est conformément à sa vertu propre. Car le fait d'avoir atteint cette vertu est un bien.

Et c'est quand ce qu'il y de plus important, de plus souverain et de plus honorable possède sa vertu, que tout est bien disposé. Par conséquent, c'est la vertu naturelle de ce qui est naturellement meilleur, qui est la meilleure. Or est meilleur ce qui, conformément à la nature, est plus apte à gouverner et plus propre à diriger, comme l'homme par rapport aux autres animaux. Aussi l'âme est-elle meilleure que le corps (car plus apte à gouverner), et, dans l'âme, est meilleur ce qui possède raison et pensée. En effet, c'est là ce qui commande et qui interdit, qui dit s'il faut ou s'il ne faut pas agir.

Dès lors, quelle que soit la vertu de cette partie, elle est nécessairement, parmi toutes, la plus digne de choix absolument pour tous [les êtres] en général, et pour nous [en particulier]. Et, en effet, on peut soutenir, je crois, que nous-mêmes nous sommes seulement ou principalement cette partie-là.

En outre, quand ce qui constitue l'œuvre naturelle de chaque chose (non par coïncidence, mais en soi) se trouve accompli de la plus belle manière qui soit, il faut dire que cette chose est aussi un bien, et poser en principe comme suprêmement souveraine la vertu conformément à laquelle chaque chose accomplit naturellement cette œuvre même.

Or, de ce qui est composé et constitué de parties, multiples et diverses sont les opérations, alors que, de ce qui est simple par nature et dont la substance ne consiste pas dans une relation à quelque chose d'autre, il n'y a nécessairement qu'une seule vertu souveraine.

Si donc l'homme est un animal simple et que sa substance est ordonnée conformément à la raison et à l'intelligence, son œuvre n'est rien d'autre que la vérité la plus exacte et le jugement vrai sur les êtres. Et s'il est composé de capacités multiples, il est clair que pour celui qui accomplit naturellement plusieurs choses, c'est toujours la meilleure de celles-ci qui est son œuvre propre : par exemple, l'œuvre du médecin est la santé, et celle du timonier, la préservation [du navire]. Or nous ne pouvons pas nommer de meilleure œuvre de la pensée, ou de la partie pensante de notre âme, que la vérité. La vérité est donc l'œuvre la plus souveraine de cette partie de l'âme.

Cette œuvre, elle l'exécute généralement conformément à la science, plus précisément à ce qui est le plus la science. Or l'accomplissement le plus souverain de celle-ci est la contemplation. En effet, quand de deux choses qui existent, l'une est digne d'être choisie à cause de l'autre, est meilleure et plus digne de choix celle grâce à laquelle l'autre en est digne aussi : par exemple, le plaisir est plus digne d'être choisi que les choses plaisantes, et la santé plus que les choses saines. Car celles-ci sont dites productrices de celles-là.

Or, en ce qui concerne la sagesse, que nous affirmons être la capacité de l'élément le plus souverain en nous, il n'y a rien qui soit plus digne de choix, quand on juge un état [de l'âme] comparativement à un autre. Car la partie cognitive, qu'elle soit séparée on en composition [avec les autres parties], est meilleure que l'âme tout entière, et la science qui est la sienne est vertu.

Aucune des vertus dites particulières n'est donc l'œuvre de cette science-là; car cette science est meilleure que toutes [les vertus], alors que l'accomplissement produit est toujours supérieur à la science qui le produit. En ce sens-là [au sens de ce qui est produit], aucune vertu de l'âme n'est son œuvre, pas plus que ne l'est le bonheur. En effet, si elle était productrice d'autres choses, elle serait autre que les choses produites, comme l'architecture est autre que l'habitation puisqu'elle n'est pas une partie de l'habitation. Pourtant, la sagesse est une partie de la vertu et du bonheur; car nous affirmons que le bonheur vient d'elle ou se confond avec elle.

Dès lors, conformément à ce raisonnement aussi, il est impossible qu'elle soit une science productrice. Car l'accomplissement doit être meilleur que ce qui est engendré [en vue d'atteindre cet accomplissement]. Or il n'y a rien de meilleur que la sagesse (sauf si c'est une des choses que nous avons dites [l'accomplissement et le bonheur], mais aucune de celles-ci n'est une œuvre autre qu'elle). Donc, il faut affirmer que cette science est contemplative, puisque son accomplissement ne peut être une production.

Par conséquent, exercer la sagesse et contempler est l'œuvre de la vertu, et, entre toutes choses, c'est la plus digne de choix pour les hommes, de même que voir l'est aussi, je crois, pour les yeux ; c'est ce qu'on choisirait d'avoir, même si par là ne devait en résulter rien d'autre que la vue elle-même.

En outre, si l'on aime une chose à cause d'une [propriété] qui coïncide avec elle, il est clair qu'on voudra davantage celle à laquelle appartient davantage cette propriété-là. Par exemple, s'il arrive à quelqu'un de choisir de se promener parce que c'est sain, mais que courir est plus sain et se trouve en son pouvoir, il choisira davantage cela, et il le choisirait plus rapidement encore s'il savait [que c'est plus sain]. Dès lors, si l'opinion vraie ressemble à la sagesse et qu'avoir des opinions vraies est digne de choix par le fait même, c'est-à-dire dans la mesure où c'est quelque chose qui ressemble à la sagesse par la vérité, mais que cette dernière propriété [la vérité] appartient davantage à la sagesse, alors exercer la sagesse sera plus digne de choix qu'avoir des opinions vraies.

De plus, si nous aimons à exercer la vue pour elle-même, cela témoigne à suffisance que tous les hommes aiment suprêmement à exercer la sagesse et à connaître.

Car ce qu'ils aiment en aimant vivre, c'est exercer la sagesse et la connaissance. En effet, ils n'honorent la vie pour rien d'autre que la sensation et surtout la vue. De fait, ils paraissent bien chérir cette capacité au plus haut point, car, comparée aux autres sensations, elle est absolument comme une science.

Cependant, c'est par le fait de sentir que la vie se distingue de l'absence de vie, ce qui veut dire que la vie se définit par la présence et la capacité de la sensation, et qu'une fois celle-ci enlevée, il ne vaut plus la peine de vivre, comme si, avec la sensation, la vie elle-même était enlevée.

Dans la sensation, la capacité de la vue est différente, du fait qu'elle est la plus sûre, et c'est pourquoi aussi nous la choisissons plus que toute autre. Mais toute sensation est capacité de connaître par le moyen du corps : par exemple, l'ouïe a la sensation du son par le moyen des oreilles.

Si donc la vie est digne de choix grâce à la sensation, et si la sensation est une certaine connaissance, alors nous choisissons aussi la vie parce que, grâce à elle, l'âme est capable de connaître.

Mais nous avons dit précédemment que, de deux choses, est toujours plus digne de choix celle à laquelle appartient davantage la même propriété. Dès lors, parmi les sensations, c'est la vue qui est nécessairement la plus digne de choix et la plus honorable. Mais davantage qu'elle et que toutes les autres, davantage que la vie elle-même, est digne de choix la sagesse, car celle-ci est davantage souveraine [maîtresse] de la vérité. C'est pourquoi tous les hommes poursuivent la sagesse par-dessus tout.

11

Maintenant, qu'à ceux qui ont choisi la vie conforme à l'intelligence, il revient de vivre aussi avec le maximum de plaisir, ce qui suit le montrera clairement.

Il apparaît que « vivre » se dit en deux sens : conformément à la capacité et conformément à l'opération. Nous affirmons, en effet, que sont voyants aussi bien les animaux qui possèdent la vue et sont naturellement capables de voir, même s'ils se trouvent avoir les yeux fermés, que ceux qui font usage de cette capacité et projettent leur vue [sur un objet]. Il en va de même avec « être savant » ou « connaître » : par là nous voulons dire tantôt « faire usage » et « contempler », tantôt « avoir acquis la capacité [de savoir ou de connaître] » et « avoir la science ».

Si donc nous distinguons la vie de l'absence de vie par le fait de sentir, et si « sentir » se dit en deux sens — souverainement, c'est faire usage des sensations, et autrement, c'est en être capable (c'est justement pourquoi, semble-t-il, nous affirmons que même le dormeur sent) — , il est clair que « vivre » se dira aussi en deux sens. Car on doit affirmer que c'est l'individu éveillé qui vit véritablement et souverainement, et que le dormeur [ne vit que] parce qu'il est capable de passer à ce type de mouvement, d'après lequel nous disons qu'il est éveillé et qu'il sent l'une ou l'autre chose.

Quand donc on dit de deux êtres qu'ils sont chacun identiques en quelque chose, mais que l'un des deux est dit tel du fait qu'il produit ou subit [quelque chose], nous admettrons qu'à ce dernier appartient, plus ce qui est dit [des deux]. Par exemple, nous dirons que celui qui fait usage de la science *est* plus *savant* que celui qui la possède, et que celui qui projette la vue [sur un objet] *voit* plus que celui qui est capable de la projeter[1].

En effet, dans les choses pour lesquelles il n'y a qu'un seul nom, nous disons « plus », non seulement d'après la supériorité mais aussi d'après le fait que l'une est antérieure et l'autre postérieure. Par exemple, nous affirmons que la santé est un bien *plus* que les choses saines, et qu'une chose naturellement digne d'être choisie pour elle-même l'est *plus* aussi que ce qui la produit. Pourtant, nous voyons que le nom [de bien] n'est pas attribué à ces deux choses au sens

1. Voir « Les mots du texte », Sagesse, p. 74.

strict, parce que chacune est un bien, alors qu'il est question ici de choses avantageuses et là de la vertu.

Il faut donc affirmer que l'individu éveillé vit *plus* que le dormeur, et que celui dont l'âme opère vit *plus* que celui qui ne fait que la posséder. Car c'est à cause du premier que nous affirmons que le second *vit* aussi, parce que le second est capable de subir ou de produire [quelque chose] à la manière du premier.

On fait usage d'une chose, quelle qu'elle soit, lorsque, étant capable d'une seule chose, on fait passer celle-ci à l'acte, et lorsque, étant capable de plusieurs choses, on fait passer à l'acte la meilleure d'entre elles. Par exemple, on fait usage des flûtes seulement ou principalement quand on en joue (car nous raisonnons vraisemblablement de la même manière dans les autres contextes où apparaissent les mots « usage » ou « opération »). C'est pourquoi il faut aussi affirmer que celui qui use correctement [d'une chose] en use davantage. En effet, le but et le mode d'utilisation naturels [d'une chose] appartiennent à celui qui en use bellement et exactement.

Maintenant, l'œuvre unique ou principale de l'âme est de penser et de raisonner. Aussi est-il simple et facile pour tout le monde de faire le raisonnement suivant : est plus vivant celui qui pense correctement, et plus que tout le monde celui qui émet les jugements les plus vrais. Mais celui-là, c'est celui qui exerce la sagesse et qui contemple en conformité avec la science la plus exacte. Aussi est-ce à ce moment-là et à ces gens-là — à ceux qui exercent la sagesse et aux sages — qu'il faut attribuer la vie accomplie.

Mais si, pour tout animal, la vie est exactement la même chose que l'existence, alors il est clair que c'est le sage qui, parmi tous, existera au plus haut point et le plus souverainement, et, plus qu'à tout autre moment, quand il sera à l'œuvre et qu'il se trouvera contempler le plus connaissable des êtres[1].

1. Il s'agit de Dieu, au sens du principe de toute présence qui lui-même n'est subordonné à aucune autre chose que lui-même.

Au demeurant, l'opération accomplie et sans entrave a en elle-même sa jouissance, si bien que l'opération contemplative est la plus plaisante de toutes.

De plus, il y a une différence entre « boire *tout en éprouvant* du plaisir » et « boire *avec* plaisir ». Car rien n'interdit que quelqu'un qui n'a pas soif ou qui n'est pas en présence d'une boisson qui le réjouit, n'éprouve une joie en buvant, non pas *parce qu'*il boirait, mais parce que au même moment cela *coïncide* [pour lui] avec le fait qu'étant assis, il contemple ou est contemplé. Nous affirmerons donc que cet individu éprouve du plaisir et qu'il boit *tout en éprouvant* du plaisir, mais non pas qu'il l'éprouve *parce qu'*il boit, ni qu'il boit *avec* plaisir. De même, nous dirons que la marche, la position assise, l'apprentissage, ou n'importe quel autre mouvement sont plaisants ou pénibles, non pas parce que le fait d'éprouver de la douleur ou de la joie coïncide avec la présence de ces mouvements, mais parce que nous éprouvons de la douleur ou de la joie *du fait de* leur présence.

De même encore, nous dirons plaisante la vie dont la présence est plaisante pour ceux qui la possèdent, et que vivent plaisamment, non pas tous ceux pour lesquels il y a [simple] coïncidence entre vivre et se réjouir, mais bien ceux pour qui le fait même de vivre est plaisant et qui jouissent du plaisir de la vie.

C'est pourquoi nous attribuons la vie à l'individu éveillé plutôt qu'au dormeur, et à celui qui exerce la sagesse plutôt qu'à celui qui en est dépourvu, pourquoi aussi nous affirmons que le plaisir de la vie est le plaisir engendré par l'usage de l'âme, car là est la vraie vie.

Dès lors, s'il y a plusieurs usages de l'âme, le plus souverain de tous est certes d'exercer la sagesse le plus possible. Il est donc clair que le plaisir engendré par l'exercice de la sagesse et de la contemplation est nécessairement, seul ou à titre principal, celui qui découle de la vie. Par conséquent, c'est seulement ou principalement aux philosophes qu'il appartient de vivre plaisamment et de se réjouir véritablement. En effet, l'opération des intellections les plus vraies, celle qui se nourrit des êtres les plus réels et qui conserve toujours de façon permanente la perfection reçue [de ces êtres], est, de toutes [les opérations], la plus efficace sous le rapport de la joie.

Et s'il faut non seulement raisonner à partir des parties du bonheur, mais encore remonter plus haut et établir la même conclusion à partir de l'intégralité de ce bonheur, disons alors explicitement que, de la même façon que l'acte de philosopher est en rapport avec le bonheur, il est aussi en rapport avec le fait que nous ayons des dispositions sérieuses ou bien des défauts. Car les choses doivent toutes être choisies par l'ensemble des hommes, les unes parce qu'elles mènent à cela [au bonheur], les autres parce qu'elles en découlent ; et, parmi les choses qui nous rendent heureux, les unes sont nécessaires et les autres plaisantes[1].

Nous posons donc en principe que le bonheur est la sagesse et une sorte de savoir, ou bien la vertu, ou encore la joie la plus grande, [ou même] tout cela ensemble.

Or, s'il est la sagesse, il est manifeste que c'est aux seuls philosophes qu'il appartiendra de vivre heureux. Et si c'est une vertu de l'âme ou la joie, cela leur appartiendra aussi à eux seuls, ou à eux plus qu'à tous les autres. Car la vertu est ce qu'il y a de plus souverain en nous, et la sagesse ce qu'il y a de plus agréable quand on compare toutes choses une à une. Semblablement, même si on dit que toutes ces choses ensemble sont identiques au bonheur, on devra alors déterminer celui-ci comme l'exercice de la sagesse.

Ainsi doivent philosopher tous ceux qui en sont capables. Car c'est là ou bien l'accomplissement de la vie bonne, ou bien, de toutes choses, quand on les envisage une à une, celle qui est le plus la cause [de la vie bonne] pour les âmes.

1. Voir « Les mots du texte », Bonheur, p. 66.

En outre, il ne semble pas plus mal d'éclairer notre propos en partant de ce qui apparaît de manière visible à tous.

Or donc, à tout un chacun, il saute aux yeux que nul ne choisirait de vivre en ayant le maximum de fortune et de pouvoir venant des hommes, mais après avoir perdu l'exercice de la sagesse, c'est-à-dire en étant fou, pas même si cet individu devait poursuivre dans la joie les plaisirs les plus violents, comme y passent leur temps certains esprits dérangés. Aussi est-ce la démence, semble-t-il, que tout le monde fuit par-dessus tout. Or le contraire de la démence est la sagesse, et de deux contraires, l'un est à fuir, l'autre à choisir.

Donc, de la même façon qu'il faut fuir la maladie, il nous faut choisir la santé. Ainsi, à ce qu'il semble, encore conformément à ce raisonnement, la sagesse paraît, parmi toutes choses, la plus digne de choix, mais non pas à cause d'autre chose qui coïnciderait avec elle. En effet, quand on aurait tout, mais qu'on serait handicapé et malade dans la partie qui exerce la sagesse, la vie ne serait pas digne d'être choisie ; car il n'y aurait aucun avantage aux autres biens.

Par conséquent, ce sont tous les hommes, pour autant qu'ils aient la sensation d'exercer la sagesse et qu'ils soient capables de goûter la chose, qui croient que le reste n'est rien, et c'est pourquoi aucun de nous ne supporterait d'accomplir sa vie dans l'ivresse ou dans l'enfance.

C'est pour cela aussi que dormir est une chose très plaisante, mais non digne de choix, même si nous admettons que tous les plaisirs sont présents chez le dormeur, car les images du sommeil sont erronées, mais celles de la veille vraies. En effet, être endormi et être éveillé ne différent en rien, sinon par le fait qu'étant éveillée, l'âme est souvent dans le vrai, alors que celui qui dort est toujours dans l'erreur. Car ce qui relève des visions du sommeil n'est que simulacre et mensonge total.

Le fait que le vulgaire fuit la mort montre aussi le désir d'apprendre de l'âme. Car elle fuit ce qu'elle ne connaît pas, ce qui est obscur et dépourvu de clarté, alors qu'elle poursuit naturellement ce qui est manifeste et connaissable. Et c'est pourquoi ceux qui sont pour nous les causes principales de ce que nous voyons le soleil et la lumière, nous affirmons qu'il faut les honorer au plus haut point, c'est-à-dire qu'il faut vénérer père et mère comme les causes des plus grands biens. Or ils sont cause, semble-t-il, de ce que nous exerçons la sagesse et la vue. C'est pour ce motif encore que nous nous réjouissons de ce qui nous est familier — qu'il s'agisse de choses ou d'hommes — et que nous appelons « amis » ceux que nous connaissons. Tout cela montre donc nettement que ce qui est connaissable, manifeste et évident est digne d'être aimé. Mais, si ce qui est connaissable et net l'est, alors il est clair aussi que la connaissance et la sagesse devront l'être pareillement.

En outre, de même qu'en ce qui concerne la fortune, les hommes ne l'acquièrent pas de façon identique en vue de vivre et en vue de vivre *heureux*, en ce qui concerne la sagesse également, nous n'avons pas besoin de la même, je crois, pour seulement vivre et pour vivre *bellement*. On peut donc bien pardonner au vulgaire d'agir ainsi. Car il fait des vœux pour être heureux, mais il est satisfait même s'il n'est capable que de vivre. Toutefois, pour celui qui croit qu'il ne faut pas supporter de vivre de n'importe quelle manière, il est ridicule de ne pas souffrir toute souffrance et de ne pas prendre très sérieusement les choses au sérieux dans le but d'acquérir cette sorte de sagesse qui connaîtra la vérité.

12

On peut arriver à la même conclusion à partir des considérations suivantes, si l'on contemple la vie humaine en pleine lumière. On trouvera, en effet, que les choses qui semblent grandes aux hommes ne sont toutes que de la peinture en trompe l'œil. D'où l'on dit aussi bellement que l'homme n'est rien et que rien d'humain n'est stable. Car la force, la grandeur, la beauté sont dérisoires et sans la moindre valeur. Et la beauté ne semble telle que parce qu'on ne voit rien avec exactitude.

Car si l'on était capable d'un regard perçant, comme c'était le cas, dit-on, de Lyncée[1], qui voyait à travers les murs et les arbres, quand un individu semblerait-il supportable à la vue, à voir de quelles méchantes choses il est constitué ? Les honneurs et la gloire, que l'on envie plus que tout le reste, sont pleins d'une futilité indescriptible. Car pour celui qui observe une quelconque des réalités éternelles, c'est une stupidité de prendre ces choses au sérieux. Et qu'y a-t-il de durable ou de permanent parmi les choses humaines ? Mais à cause, je crois, de notre faiblesse et de la brièveté de la vie, même cela paraît beaucoup.

Lequel donc, portant son regard sur ces choses, se croirait heureux ou bienheureux, lequel d'entre nous, qui, dès le début, avons été naturellement constitués (ainsi que l'affirment les célébrants de rites initiatiques) comme si nous étions tous destinés à une punition ? Car c'est bien là ce que disent, sous l'inspiration divine, les Anciens : ils affirment que l'âme purge une punition et que nous vivons pour expier de grands péchés.

Car la subjugation de l'âme par le corps ressemble tout à fait à quelque chose comme ceci : de même, en effet, que les Étrusques, à ce qu'on affirme, torturent souvent leurs prisonniers en liant les morts aux vivants face à face et membre contre membre, de même l'âme paraît étirée et collée à tous les membres sensitifs du corps.

Rien de divin ou de bienheureux n'appartient donc aux hommes, à part cette seule chose digne d'être prise au sérieux : ce qu'il y a en nous d'intelligence et de sagesse. En

1. Lyncée était l'un des argonautes dont la vue était particulièrement perçante. L'idée est que voir l'intérieur caché du corps, viscères et autres, n'a rien de particulièrement réjouissant.

effet, parmi les choses qui sont nôtres, celle-là paraît être la seule immortelle, la seule divine...

Et parce que nous sommes capables de participer à cette capacité, la vie, bien que misérable et difficile par nature, a pourtant été arrangée assez finement pour que l'homme, comparé aux autres êtres, semble être un dieu.

« Car l'intelligence est en nous le dieu », et encore : « La vie mortelle a une part divine. » Ainsi donc il faut philosopher, ou bien s'en aller d'ici-bas en disant adieu à la vie, puisque tout le reste paraît un amas de futilités et de frivolités[1]...

1. Sur les références ésotériques de ce passage (orphisme et pythagorisme) ainsi que sur sa tonalité d'ensemble désenchantée, se référer à la question : « La vie n'est-elle qu'une malédiction ? », p. 110.

Du tableau

au texte

Bertrand Leclair

Du tableau au texte

L'École d'Athènes
de Raphaël

... le vaste et glorieux théâtre de la philosophie, des sciences et de la pensée...

Platon tendu vertical sur la pointe des pieds, et comme élancé vers le ciel qu'il désigne du doigt, dispute avec Aristote, les pieds fermement posés sur le sol et la main ouverte au monde matériel. Le premier tenant son *Timée* contre sa hanche et le second prêt à ouvrir son *Éthique* appuyé sur sa cuisse, les deux philosophes entourés de leurs élèves respectifs (les deux groupes symbolisent l'Académie de Platon, à gauche, et le Lycée d'Aristote, à droite) dominent de toute leur superbe et de leur indiscutable autorité le vaste et glorieux théâtre de la philosophie, des sciences et plus généralement de la pensée. Dans ce fastueux décor à plusieurs étages, qui invite à une lecture aussi bien verticale (de haut en bas) qu'horizontale (du vieil homme tenant un enfant dans ses bras, dans le coin gauche, aux jeunes adultes de droite), on peut reconnaître Socrate enseignant (à gauche de Platon), Diogène le cynique (qui lit d'un air moqueur, affalé sur les marches aux pieds des maîtres anciens), Héraclite (qui écrit, mélancolique, au premier plan), mais aussi Pythagore entouré d'admirateurs, à gauche, ou encore Archimède, à droite, qui figure la géométrie.

Liée aux deux statues de dieux qui surplombent la scène, la distribution ne doit évidemment rien au hasard : la partie gauche de la fresque est placée sous la tutelle d'Apollon, dieu solaire et symbole de la beauté idéale, la partie droite sous celle de Minerve (Athéna), déesse de la Raison, conseillère des mortels autant que des dieux. C'est justement à l'extrémité de cette partie droite, au plan inférieur, que le peintre s'est représenté « au miroir » à côté de Zoroastre qui, vu de dos, tient un globe : on reconnaît l'autoportrait peint par Raphaël en 1509, et conservé au musée des Offices de Florence, dans la figure aux traits aimables qui nous regarde, coiffée d'un béret noir. On en déduira que Raffaello Sanzio, dit Raphaël (Urbino, 1483-Rome, 1520) se veut aristotélicien, c'est-à-dire, dans le contexte qui est le sien, qu'il défend ici, et sans ambages, une conception de la peinture la rattachant à la science empirique, et relevant d'abord de l'observation de la nature — une conception de la peinture visant dès lors à son émancipation plutôt qu'à la vérité révélée. L'observation est d'autant plus intéressante que les deux seuls personnages montant et descendant les marches, reliant donc les différents étages de la représentation (en l'occurrence, les élèves d'Aristote et ceux d'Archimède), se croisent de ce côté-là de la fresque. Rien n'empêche donc de passer de la science matérialiste à la philosophie, et réciproquement, tandis qu'aucun personnage n'entretient de communication comparable entre le monde d'inspiration orphique de Pythagore et l'univers immuable de Platon. Le côté de Minerve, d'Aristote et de Raphaël est en somme celui du mouvement et du dynamisme, au risque d'y perdre l'équilibre d'une harmonie solaire.

... une étape importante de l'histoire de l'art, et de la pensée...

La fresque, peinte en 1510 et large à sa base de 770 centimètres, intitulée après coup *L'École d'Athènes,* constitue une étape importante de l'histoire de l'art, mais aussi de l'histoire de la pensée. De l'histoire de l'art, d'abord et d'évidence : par la perfection qu'elle atteint dans l'équilibre et l'harmonie tant des formes que des couleurs, par la liberté de touche et la maîtrise incomparable du modelé qu'y déploie le jeune peintre qui a préféré travailler sans assistant, et encore par la capacité de synthèse dont il fait preuve (sa capacité à s'approprier sans vergogne toutes les techniques nouvelles alors florissantes du nord au sud de l'Italie, et de le faire précisément pour célébrer ce qui constitue le moteur de la Renaissance, le retour aux idées, à l'art et aux thèmes de l'Antiquité greco-latine). Mais cette fresque appartient aussi à l'histoire des idées : par sa puissance et l'évidence de sa beauté canonique, par la célébrité qui en découle, *L'École d'Athènes* a en effet contribué à fixer la représentation commune d'une querelle, voire d'une prétendue inimitié, qui aurait opposé les deux philosophes majeurs de l'Antiquité, Platon et Aristote, querelle abondamment commentée et amplifiée par la tradition catholique. La disposition des deux maîtres au centre de *L'École d'Athènes* ne peut que faire songer à la phrase célèbre de saint Bonaventure, qui date de la redécouverte occidentale de l'œuvre d'Aristote, au XIIIe siècle : « Et ainsi il apparaît que parmi les philosophes, le don de Platon est de parler de la sagesse, celui d'Aristote de la science. Le premier regardait surtout vers les choses d'en haut, le second vers les choses d'en bas. » On peut encore songer à Marsile Ficin (1433-1499), qui initia aux textes antiques le grand philosophe de la Renaissance Pic de La Mirandole (1463-1494) et qui affirmait : « Platon traite des choses naturelles divinement tandis qu'Aristote traite naturellement même des choses divines. »

Ce qui est sûr, c'est que la fresque de Raphaël n'a pas peu contribué à la légende encore vivace aujourd'hui d'une dissension allant jusqu'à l'inimitié ou l'incompatibilité entre la pensée du maître Platon et celle de son ancien disciple, alors même qu'Aristote s'est toujours montré fidèle à la voie ouverte par l'auteur de *La République* (qu'il devait d'ailleurs vénérer, pour être resté son élève vingt ans durant). Il n'en reste pas moins que l'*Invitation à la philosophie*, ou *Protreptique*, l'un des deux premiers textes conservés d'Aristote, écrit pour exalter la vie philosophique alors qu'il appartenait encore à l'Académie dirigée par Platon, est déjà le lieu d'un hiatus au sens propre (une ouverture, et surtout une « solution de continuité »). Tout en restant fidèle à son maître, Aristote perturbe pourtant la doctrine en faisant jouer un élément essentiel, le temps du corps, affirmant que ce dernier est corrélatif du temps de l'âme : la sagesse ne peut être atteinte qu'à la fin d'une vie humaine.

Bouleversant la conception statique que proposait Platon du monde des Idées, et rompant avec le « temps cyclique » qui est aussi celui de la métempsycose, Aristote devait ensuite concevoir la nature comme une réalité « qui porte en soi le principe du mouvement ». Or, c'est précisément le mouvement qui préoccupe Raphaël et toute son époque dans leur désir irrépressible de donner vie aux figures peintes et aux corps représentés. Mais il convient ici de reprendre l'histoire en marche, à Rome, en 1509, alors que Raphaël rejoint la cour du pape après avoir longuement séjourné à Florence.

... vingt-sept ans, et déjà plusieurs chefs-d'œuvre derrière lui...

Fils d'un peintre d'Urbino au « talent honnête », Giovanni Santi, qui le confia très jeune aux bons soins du Pérugin (1445-1523), travailleur acharné doté d'une curiosité inlassable, doué selon tous ses contemporains d'une affabilité et d'une gentillesse rares, Raphaël n'a que vingt-sept ans mais déjà plusieurs chefs-d'œuvre derrière lui lorsqu'il est invité par le pape Jules II à travailler au Vatican à la décoration du nouvel étage, dans lequel le pape récemment élu compte installer ses appartements. Jules II attend des artistes invités à décorer ces derniers qu'ils surpassent en beauté les décorations réalisées par Pinturicchio dans les appartements de son prédécesseur détesté, Alexandre VI Borgia.

Raphaël commence par réaliser une fresque consacrée

à la théologie, *La Dispute du Saint Sacrement,* qui lui vaut les meilleures grâces de Jules II : au point que, ébloui, le pape guerrier mais néanmoins illustre promoteur des arts congédie aussitôt les autres artistes pour confier au seul Raphaël l'entière responsabilité de la décoration de la grande pièce que l'on appellera ultérieurement la Chambre des Signatures. Celle-ci doit en effet son nom au tribunal de la *Segnatura,* qui y siégera quelques décennies plus tard, à l'heure de la Contre-Réforme ; elle fut probablement, au départ, la bibliothèque personnelle de Jules II, qui a lui-même élaboré le programme de sa décoration, peu original en soi : il s'agit sur les quatre murs de représenter les quatre facultés des universités médiévales. Après la Théologie, et avant la Jurisprudence et le Parnasse (la poésie) qui occuperont les petits côtés, Raphaël s'éloigne donc des motifs religieux pour illustrer la Philosophie sur l'autre grand mur de la pièce. Il va y trouver l'occasion de se surpasser. Atteignant le sommet de son art, il sait qu'il est en train de conquérir à Rome le statut de « prince des peintres » qu'il conservera jusqu'à sa mort prématurée, à l'âge de trente-sept ans – qu'il suffise, pour donner la mesure inouïe de sa renommée en cette époque qui accorde à l'art une place majeure, de citer ce qu'écrivait Giorgio Vasari (1511-1574) dès la première édition (1550) de ses célèbres *Vies des meilleurs peintres, sculpteurs et architectes* : « Qui possède autant de dons rares que Raphaël d'Urbin n'est pas simplement un homme mais, si l'on peut dire, un dieu mortel [...]. En somme, il ne vécut pas en peintre, mais comme un prince. Ô Peinture, tu pouvais alors t'estimer heureuse de posséder un maître dont les talents et les vertus t'élevaient jusqu'au ciel ! »

... la Renaissance fait de l'homme un être libre et créateur dans un univers en mouvement...

Au même titre que Léonard de Vinci (1452-1519), le maître de trente ans plus âgé à qui on le verra rendre ici un hommage non dénué d'ambiguïté, et qui mourra en 1519 dans les bras de François Ier, au même titre que Michel-Ange (1475-1564), son aîné de sept ans à qui il a beaucoup emprunté et qui travaille lui aussi au Vatican, décorant la chapelle Sixtine, Raphaël s'affirme comme une étoile majeure dans le ciel des humanistes italiens, qui lui vouent bientôt une véritable adoration. C'est qu'il n'a pas seulement une facilité et une aisance évidentes ; il a également une capacité de réflexion et de synthèse exceptionnelle, qui va lui permettre de réaliser avec *L'École d'Athènes* une œuvre souvent présentée comme le paradigme de l'art de la haute Renaissance italienne. De fait, en représentant sur plusieurs niveaux un théâtre de la pensée dont le ciel, à travers les arcs majestueux qui encadrent Platon et Aristote, constitue le point unique d'une perspective ouverte et absolument maîtrisée, Raphaël donne un équivalent pictural parfait au discours philosophique de la Renaissance. L'adéquation du sujet et de la manière est entière, quand c'est précisément en renouant avec la philosophie antique que la Renaissance fait de l'homme un être libre et créateur dans un univers en mouvement : « Je t'ai placé au milieu du monde, / afin que tu puisses mieux contempler ce que contient le monde. / Je ne t'ai fait ni céleste ni terrestre, mortel ou immortel, / afin que de toi-même, librement, / à la façon d'un bon peintre ou d'un sculpteur habile, / tu achèves ta propre forme », écrivait Pic de La Mirandole, le « prince des érudits », s'adressant à Adam, dans *De la dignité de l'homme*.

Si Pic de La Mirandole, mort en 1494, a été déclaré hérétique quelques années plus tôt, le tournant est désormais négocié. En 1510, le pinceau à la main, il semble que tout soit possible ; la perspective est ouverte, la couleur maîtrisée, sur la toile comme à la cour du pape, l'homme sort de l'ombre. Le monde en somme est en train de renaître à lui-même en s'armant de la philosophie antique sous son pinceau à lui, Raphaël, tandis que l'Église triomphante ignore qu'elle va bientôt subir les coups de boutoir de la Réforme en raison, justement, de sa magnificence. Les puissants, alors, vénèrent les peintres, conscients des enjeux inédits qu'entraîne la libération de la représentation ; Raphaël, qui dîne à leur table, est aux yeux de tous l'un des plus accomplis, et le sait. Sans les scrupules ni le vertige métaphysique qui mineront Michel-Ange (et donneront à ce dernier une dimension supplémentaire au regard de l'histoire de l'art, celle de la mélancolie), avec autant de superbe que d'assurance au contraire, Raphaël tutoie la beauté, et semble puiser impunément à la palette des dieux. Il en est convaincu : de la liberté nouvelle il convient d'user et personne n'en use avec autant de maîtrise, de justesse et d'éclat que lui ; le sentiment de puissance sans entrave qui est le sien est immédiatement perceptible à contempler, au Vatican, *L'École d'Athènes,* qui semble tourner avec le spectateur quand celui-ci se déplace, ce dont hélas les reproductions ne peuvent que donner une lointaine idée.

Jamais dans l'histoire la beauté n'a eu une telle force d'évidence, une telle puissance d'incarnation. Le naturel des figures simples et idéales, le mouvement des corps disposés librement dans une architecture claire et majestueuse, le drapé des vêtements dont on s'attendrait à entendre l'étoffe bruire, disait Vasari, la lumière des regards, le bleu du ciel, le marbre du sol et même la maîtrise des idées qui s'échangent ou se confrontent : c'est toute la surface peinte qui s'anime avec, presque, de l'arrogance. Il y a du triomphe dans le geste de Raphaël, un élan incommensurable que ses contemporains relèvent immédiatement, que ce soit dans ses fresques du Vatican (« Comment, avec les moyens imparfaits de simples couleurs a-t-il pu, grâce à l'excellence de son art, contraindre la peinture à rivaliser avec la vie », écrivait toujours Vasari) ou sur la toile (« En vérité, les œuvres des autres peuvent s'appeler des peintures, mais celles de Raphaël, c'est la vie même ; la chair palpite, on sent le souffle et le pouls qui bat dans ces figures dont l'animation même est perceptible », ajoutait-il).

... le disciple qui s'émancipe du maître admiré...

Si *L'École d'Athènes* s'impose avec cette force, c'est aussi par la coïncidence historique de son sujet et de son geste, et c'est ici encore que l'on peut retrouver l'*Invitation,* et la position particulière dans laquelle elle est écrite, une position de disciple qui s'émancipe et peut-être se portera plus loin sur la voie ouverte par le maître admiré. Ce n'est certes pas un hasard si Raphaël a donné à Platon des traits qui font irrésistiblement songer à Léonard de Vinci (la ressemblance avec l'*Autoportrait* de ce dernier conservé à l'Académie de Venise et dessiné sous le même angle est frappante). Le moment historique qu'illustre Raphaël en centrant sa fresque sur un dialogue entre Platon, le maître qui a ouvert la voie, et Aristote, qui la transforme, ce moment est aussi, dans une tout autre histoire, celle de la peinture, celui qu'avec quelques autres artistes Raphaël est en train de vivre, le temps où les figures statiques de la beauté qui ont dominé les siècles précédents s'animent et prennent corps au point que « la chair palpite » — à condition de ne pas craindre l'emphase, on pourrait dire de ce moment qu'il est celui où la peinture descend du ciel dont jusqu'alors elle relevait pour illuminer la terre et les hommes, et s'animer au regard, non plus de Dieu, mais de l'homme. Le mouvement alerte, irrésistible, que Raphaël a donné à sa composition y trouve une puissance exceptionnelle. L'histoire est en marche. Le dynamisme impulsé par la science et la raison triomphe en peinture du caractère immuable de la beauté révélée, comme il a autrefois triomphé en philosophie du monde statique des Idées. Raphaël peint avec une aisance stupéfiante, parvenant comme aucun autre à disposer en une harmonie parfaite des figures aux mouvements aisés, et pourtant complexes. De cette complexité, on peut prendre la mesure en observant attentivement les pieds de Platon et d'Aristote dans *L'École d'Athènes,* qui contredisent l'impression éprouvée au premier regard d'un mouvement vif et irrésistible. Par le fait également que Raphaël a travaillé le mouvement autant dans la verticalité que dans l'horizontalité de sa fresque, il empêche le spectateur d'en arrêter l'effet de spirale.

… Raphaël a animé la peinture au point d'atteindre à la nature…

Cette aisance insolite de Raphaël, si on la compare aux difficultés qu'éprouvait Michel-Ange, assailli d'inquiétudes sur la dimension pécheresse de son art, est peut-être ce qui lui a valu au long des siècles tout à la fois une renommée indépassable et d'acerbes critiques de ses successeurs en peinture. Plusieurs maîtres en firent une figure de l'académisme triomphant. Vélasquez (1599-1660), déjà, ne cachait pas à quel point Raphaël lui déplaisait souverainement. Quelques siècles plus tard, l'écrivain Edmond de Goncourt (1822-1896) devait d'ailleurs l'appeler méchamment, et assez stupidement, « le créateur de la madone idéale pour épiciers » — il est vrai que quelques-unes de ses Madones ont fixé pour plusieurs siècles la représentation de la mère à l'enfant tant elles semblent « naturelles » à notre regard. Son geste n'était pas sans risque, pourtant. Si tout cela est aujourd'hui de l'histoire, il faut néanmoins tenter de percevoir l'énorme détonation que provoquait en son temps la révolution picturale à laquelle il a vivement contribué, et les superstitions afférentes. Rien dans l'œuvre ou l'existence de Raphaël lui-même n'en témoigne, mais c'est bien ce qui s'affirma de toutes parts à sa mort prématurée, et cela pourrait nous ramener une fois de plus à l'*Invitation à la philosophie* par le biais de l'inféodation de l'art à la nature : Raphaël avait animé la peinture au point d'atteindre à la nature, comme l'écrivit Bembo dans son épitaphe (« Tel est Raphaël par qui, quand il vécut, notre puissante mère nature a craint d'être vaincue ; quand il mourut, elle-même a craint de mourir »). Plus explicitement encore, l'épitaphe de son ami diplomate le comte Baldassarre Castiglione, dont le portrait par Raphaël est aujourd'hui au Louvre, laisse entendre que la mort, en cueillant le peintre « dans la fleur de l'âge », s'est vengée de sa puissance surhumaine : « Tu éveillas alors la jalousie des dieux / Et la mort s'indigna : au mépris de sa loi, / Ceux que sa longue marche a détruit peu à peu / Tu les as ranimés pour la seconde fois. / Dans la fleur de l'âge, hélas, tu es tombé / Et nous dis qu'à la mort nous sommes tous voués. »

Quant à Giorgio Vasari, pour le citer une dernière fois, il eut cette phrase, le plus fervent éloge sans doute qu'aucun peintre ait jamais reçu : « Quand ce noble artiste mourut, la peinture pouvait bien mourir elle aussi et quand il ferma les yeux, elle sembla demeurer aveugle. »

Le texte

en perspective

Pierre Dulau

Les mots du texte

Vérité, nature,
bonheur, sagesse

1.

Vérité (*aléthéia*)

1. *L'appel de la vérité*

Pour comprendre le sens du terme « vérité » dans cet ouvrage et comprendre en quoi la philosophie s'impose de manière impérative à l'homme, il est nécessaire de se pencher d'abord sur ce qu'Aristote dit au paragraphe 2 de sa lettre. À ce moment du texte qui est d'une extrême densité, il explique que celui qui veut montrer qu'il n'est pas nécessaire de philosopher doit, pour cela, faire de la philosophie. C'est là le sens de la formule un peu alambiquée : « Il y a des cas où, en acceptant toutes les significations d'un mot [philosopher], il est possible de démolir la position soutenue par l'adversaire en se référant à chacune des significations. » L'idée, au fond, est simple ; elle est de considérer qu'il entre déjà dans la définition même du terme « philosopher » de se demander si on le devrait. Doit-on ou non philosopher ? La philosophie est-elle utile ou futile ? Ces questions mêmes relèvent de la compétence du philosophe. Conclusion implicite de ce raisonnement : celui qui veut dénier à la philosophie la valeur de sa portée et de son sens en disant qu'elle ne sert à rien fait montre par là même, sans s'en apercevoir, et de sa valeur et de son sens.

Ce bref développement dont nous venons d'expliciter la structure est tout sauf une argutie stérile, tout sauf un tour rhétorique qu'Aristote offrirait à son lecteur pour lui permettre d'acculer un éventuel interlocuteur malveillant à la contradiction. Ce développement est capital car il est fondateur de l'exigence philosophique, il lui donne sa légitimité, il la révèle en tant qu'impératif de recherche de la vérité. Autrement dit, et nous aurons l'occasion d'y revenir, l'effort de discipline du jugement logique est en même temps un effort qui vise à rendre possible une discipline du comportement. La philosophie ne disserte pas en vain sur la nature de la vérité et ne cherche pas le triomphe rhétorique sur ses contradicteurs, elle pose l'impératif d'une quête qui modifie concrètement l'agir. Montrer qu'il est nécessaire de philosopher, c'est montrer que la vérité peut et doit être atteinte, et que cela transforme l'individu qui se rend digne d'une telle exigence. C'est pourquoi il est nécessaire d'approfondir et d'illustrer simplement ce raisonnement d'Aristote, par où le sens du terme « vérité » employé dans le reste du texte n'en apparaîtra que plus clairement.

Imaginons le contradicteur auquel pense Aristote. Concrètement, que dirait-il au philosophe et que voudrait-il lui montrer ? Ce qu'il affirmerait sans doute, et c'est bien là la voix de l'éternelle opinion, c'est que la philosophie est une occupation rébarbative, difficile, fastidieuse, et qu'au fond elle ne sert strictement à rien, qu'elle n'aide pas à vivre et que l'on ne peut aboutir à aucune certitude grâce à elle. Si Aristote ne supposait pas une argumentation de ce genre, il ne prendrait pas la peine de montrer pourquoi il est nécessaire de philosopher. Son raisonnement répond à cette critique radicale qui poursuit l'enquête philosophique depuis 2 500 ans : cela ne sert à rien. Prévenant cette attaque, Aristote affirme (et c'est là le nerf de cette argumentation implicite) : même celui qui dit « il n'y a rien », « tout est absurde », « raisonner est idiot », « tout n'est qu'ineptie », « tout est subjectif », « la philosophie est inutile », celui-là, donc, dans la mesure où il formule un jugement rationnel, prétend de fait à la vérité, ce qui fonde immédiatement l'impératif de philosopher et démontre en plus la facilité qu'il y a à s'y conformer (9).

L'idée, c'est que le moindre des énoncés de la pensée fait déjà ce pari du vrai, ambitionne d'atteindre la vérité comme s'il voulait faire retour à son origine, à sa source, à son élément natal. La pensée la plus corrosive ou subversive que l'on puisse imaginer (par exemple celle de Nietzsche) ne déroge pas à la règle, elle s'inscrit nécessairement dans un horizon de sens qui la dépasse et en même temps la rend possible. Cela peut s'expliquer de manière logique. Ainsi, celui qui dit « tout est subjectif » prétend du même coup à l'objectivité, c'est-à-dire : tout est subjectif, sauf cette affirmation même qui, parce qu'elle prétend au vrai, devient objective. Celui qui dit « tout est contingent » prétend du même coup à la nécessité, c'est-à-dire : tout est contingent, sauf cette affirmation même qui énonce que, de manière nécessaire, tout est contingent. Celui qui dit « tout est relatif à un point de vue » prétend du même coup à l'universalité de ce point de vue, qui n'est dès lors lui-même plus du tout relatif. La vérité, en tant que proposition nécessaire, objective et universelle, est donc toujours déjà présupposée lorsque quoi que ce soit se trouve affirmé dans un jugement ; la vérité est déjà là, toujours présente et précédente, à la fois comme condition originaire de la possibilité même d'une énonciation, et comme visée finale de cette énonciation. La vérité est ainsi le commencement et le terme de la pensée. C'est la raison d'être de la philosophie qui se constitue comme discipline du jugement vrai, et de l'action qui en résulte. Grâce à cette argumentation, Aristote énonce donc quelque chose de fondamental, au double sens de « fondateur » (qui instaure un ordre) et de « pro-fond » (qui contraint à la méditation du fondement, littéralement qui « tire vers le fond »).

LA PHILOSOPHIE COMME HORIZON

Car ce n'est pas peu que d'affirmer que la vérité est toujours déjà présupposée par le discours, cela signifie que la pensée de l'homme s'établit toujours sur un fond qui la précède et la rend en même temps possible. Cela signifie que toute parole est comme telle déjà une sorte de « réponse » à une injonction à dire, bel et bien, et surtout à dire vrai. Partant, il devient impossible, sauf à dire n'importe quoi, de renoncer à cette ambition du vrai qui définit essentiellement la parole humaine. Prendre acte de ce phénomène, prendre son parti de cette expérience première, c'est là le commencement de toute philosophie et ce n'est donc pas un hasard si, suite à une brève introduction, Aristote affirme sans détour ce principe. La philosophie relève de l'impératif (« il faut philosopher ») parce que c'est la seule activité humaine qui prend sérieusement acte du phénomène littéralement extraordinaire et pourtant si banal que nous venons d'évoquer : l'antériorité de l'appel du vrai. Ce second paragraphe de l'*Invitation* a donc une portée fondatrice immense, c'est la position inébranlable de l'exigence philosophique comme exigence conaturelle à la vie humaine.

En résumé, et il faut se convaincre de ce fait pour que le texte de l'*Invitation* devienne intelligible, la vérité, sous la triple figure de l'objectivité, de la nécessité et de l'universalité, s'impose à la rationalité humaine comme une exigence indépassable, comme l'horizon même de toute pensée et de toute énonciation. Or, quel est le propre d'un horizon ? C'est de précéder toujours déjà le regard qui se déploie en lui, de devancer par définition le projet de saisie (des choses, du réel en général) qui procède de l'esprit et de rendre ainsi possible la saisie effective du réel. Un horizon est la limite constamment anticipée du regard qui en même temps libère l'espace où le regard peut saisir des objets. Il est une borne qui dévoile un espace, une limite qui découvre un pays ; il rend possible la perception de quelque chose de tel qu'un espace ou un pays. Comme frontière du visible, il est en même temps origine de la vision. Il en va exactement de même avec la vérité ou avec les principes que pense Aristote et dont il exige tout au long la contemplation. La vérité rend possible la philosophie en même temps qu'elle est la fin que la philosophie cherche à atteindre. La vérité est le domaine de déploiement de l'effort philosophique en même temps que son but ultime. Elle est donc toujours déjà là comme trésor à acquérir, mystère à découvrir; elle est en même temps l'œuvre finie de l'artiste et ce que l'artiste n'a jamais cessé de viser durant l'élaboration de l'œuvre. En ce sens, il faut alors affirmer que toute pensée procède d'un « désir de vérité » ou d'une « volonté de savoir » : on est « chez soi » dans la philosophie (9). Ou encore le paragraphe 11 : l'âme fuit ce qu'elle ne connaît pas, ce qui est obscur et dépourvu de clarté, elle « poursuit naturellement ce qui est manifeste et connaissable ». Cette volonté ne trouve sens que parce qu'il y a d'abord un appel de la vérité, une injonction à dire, et à dire correctement. C'est en cela que, dès ce deuxième paragraphe et pour toute la suite du texte, la philosophie acquiert sa pleine justification et sa légitimité, sa nécessité existentielle, parce qu'elle est ce processus par lequel la rationalité rejoint infiniment le réel, parce qu'elle est l'art de la médiation conceptuelle, dont le champ de déploiement est celui circonscrit par ce besoin et cet appel du vrai.

PHILOSOPHER, QU'ON LE VEUILLE OU NON

Répétons-le : tout sceptique, ou bien tout nihiliste, s'il est conséquent, doit donc finalement reconnaître cette antériorité absolue de la vérité comme ce à quoi l'esprit se plie, et qu'il cherche à retrouver, découvrir, construire, ou bien dévoiler, mais qui n'est jamais donné de manière immédiate comme une chose posée devant nous. Ce que dit ici le philosophe, d'une manière remarquablement dense, c'est que le détour philosophique est indispensable, inévitable, et parfaitement nécessaire car il est la réponse seule adéquate, pertinente, concordante à cette exigence de vérité qui fait ployer l'esprit et qui, parfois, le déploie dans toute son excellence (ce que la suite de la lettre se donne pour tâche de définir). On ne saurait donc trop surestimer la portée de cette considération aristotélicienne qui veut être le fondement indiscutable et absolu de l'effort philosophique.

Ce à quoi il faut finalement être attentif, c'est au fait que ce fondement a une double valeur : c'est un fondement logique, au sens d'une argumentation solide qui sert de base (hypo-thèse) à la suite du discours, et c'est un fondement éthique au sens d'une injonction à changer de vie, à se « convertir » aux besoins des exigences de la rationalité philosophique. Comme on le précisera plus loin, un protreptique est un appel à se convertir, à changer sa vie, à se ressourcer. Cette démonstration initiale a donc *in fine* une valeur morale au sens où elle a pour charge de discipliner l'action de celui qui la comprend, poser l'antériorité absolue du vrai et conséquemment la nécessité de la philosophie, c'est appeler le lecteur à changer sa vie : « [...] si bien que, d'une manière ou d'une autre, il faut philosopher sans faux-fuyants » (2)...

2. *La vérité comme œuvre : quête, enquête, conquête*

UNE QUÊTE

Au paragraphe 10, Aristote indique que la vérité est l'œuvre propre de la sagesse et de la pensée humaine. L'on comprend ainsi que la vérité n'est pas seulement cet appel auquel répond la philosophie, cette exigence qui la met en demeure de se mettre en marche, c'est en même temps l'œuvre qui résulte de cet ébranlement premier, c'est le résultat de cet exercice. « Or nous ne pouvons pas nommer de meilleure œuvre de la pensée, ou de la partie pensante de notre âme, que la vérité. » La vérité est donc œuvre (but, résultat de la recherche) et appel (origine, exigence qui pousse à la recherche). Cette ambivalence du vrai doit nous amener à préciser les modalités selon lesquelles le discours philosophique d'Aristote va pouvoir se constituer.

En tant qu'il répond à l'appel de la vérité, le discours

philosophique est une quête. Une quête, par définition, est une exigence qui se déploie à l'échelle d'une vie, elle procède d'un désir d'absolu, d'un désir de conformation et d'adéquation au divin : « Rien de divin ou de bienheureux n'appartient donc aux hommes, à part cette seule chose digne d'être prise au sérieux : ce qu'il y a en nous d'intelligence et de sagesse » (12). Autrement dit, il y a en l'homme un élément, la pensée, qui l'apparente au dieu, qui l'affilie à l'absolu. L'homme a une racine céleste, une ascendance supérieure. Chercher le vrai, c'est se mettre en quête de cet absolu au sens d'une conformation progressive de son être à l'exigence des principes rationnels. Le philosophe vit « le regard tourné vers la nature et le divin » (8). Comme nous l'avons dit plus haut, le vrai est origine de la quête, ce vers quoi le philosophe se tourne comme vers son élément natal ; la source par laquelle il se ressource.

UNE ENQUÊTE

Deuxièmement, en tant qu'il se développe d'une manière méthodique selon les règles de la logique, le discours philosophique sera une enquête. Une enquête est la mise en ordre d'un ensemble d'indices que l'on cherche à faire parler, dont on cherche à dévoiler le sens en fonction d'un mobile plus vaste qui les englobe. Aussi l'effort philosophique, sur la base de l'exigence de vérité susnommée, se constituera-t-il comme enquête sur le réel, travail de rationalisation des données naturelles, découverte progressive du sens de ce qui est. La vérité n'est pas seulement l'appel à découvrir le sens des choses, c'est le mouvement de découverte de ce même sens (*a-léthéia* qui veut dire « vérité » en grec signifie littéralement dé-couvrir, dévoiler, faire sortir de l'ombre et de l'oubli). Ce mouvement de dévoilement, c'est l'enquête par laquelle le sens se donne à penser pour l'homme. Tout le texte de l'*Invitation* se constitue de ce point de vue comme investigation rationnelle. Il s'agit de découvrir la nature réelle de ce qui est, au sujet de l'homme, du bonheur, de la pensée, et de l'action. Cette découverte s'effectue tout d'abord selon les règles méthodiques du travail définitionnel et spéculatif qui vise à découvrir l'essence de la chose sur laquelle on enquête : que faut-il entendre par philosopher (2) ? Qu'est-ce au juste que la nature (4) ? Comment définir l'âme (10) ? De ce premier point de vue, le site de la vérité, c'est ce qu'Aristote appelle le « jugement correct » sur la chose. Le jugement est correct ou vrai, s'il dit de ce qui est que c'est, et de ce qui n'est pas que ce n'est pas, autrement dit s'il accorde fidèlement la pensée à l'être (voir à ce sujet la *Métaphysique*, 1027 b). Par suite, une telle enquête se structure comme discours argumentatif et démonstratif qui a pour propriété d'articuler entre eux des jugements vrais. La démonstration (*apodeixis*) vise à faire voir le vrai en tirant toutes les conséquences nécessaires d'une hypothèse premièrement posée. Par exemple, au paragraphe 3, le raisonnement qui énonce : si d'un côté l'art imite la nature et que de son côté la nature produit toute chose en vue d'un but — elle ne fait rien en vain —, alors l'art produira nécessairement ses œuvres en vue d'un but. C'est une conclusion que l'on tire nécessairement des deux prémisses du raisonnement : l'art imite la nature, et la nature poursuit toujours des fins. Cette forme de raisonnement où l'on infère une conclusion nécessaire à partir de deux propositions initiales (les prémisses) est ce qu'Aristote nomme le syllogisme. En tant qu'enquête rationnelle, le discours philosophique articule donc des jugements vrais (la définition montre l'essence de la chose, elle ne trahit pas la réalité) en des raisonnements vrais (le syllogisme montre que le rapport entre ces deux choses est nécessairement celui-ci et pas un autre).

UNE CONQUÊTE

Troisièmement, cette quête du vrai, qui est une enquête rationnelle, se détermine finalement comme conquête. La conquête, c'est l'appropriation volontaire d'une réalité, son assujettissement, sa domination. Qu'est-ce que le discours philosophique, dans sa recherche du vrai, cherche à dominer ? La nature humaine. Ce dont le philosophe veut se rendre maître via l'investigation rationnelle, c'est tout simplement lui-même. Pourquoi ? Pour parvenir au bonheur qui est la fin ultime de la philosophie. Autrement dit, l'enquête philosophique va finalement se donner pour but la conquête de la nature humaine en ce qu'elle a de brut et d'informe, de non calibré, pour lui donner une forme parfaite, excellente, accomplie. Le discours d'Aristote n'a dans ce texte pas d'autre but que d'éduquer l'âme : « De même, si une âme a été éduquée, c'est une telle âme et un tel homme qui doivent être appelés "heureux" » (1). La découverte du vrai n'est donc pas sans efficace, elle est au contraire ce qui est le plus susceptible de modifier l'existence de l'individu, elle est ce qui le transforme, le rend meilleur, le parfait. C'est en ce sens que l'on peut comprendre l'affirmation du paragraphe 6 qui énonce que le sage est la règle vivante, la règle incarnée, celui qui en acte a fait siennes les lois du réel, et qui pour cette raison a réussi à conquérir, à dominer son être propre. Le sage donne la règle, c'est-à-dire le vrai, car il est lui-même la règle en acte, la règle qui vit, la règle de vie. Un modèle de comportement et d'action, un être qui domine ses passions, ses pulsions, qui a donc conquis son humanité vraie (rationnelle) par la méditation et l'enquête sur la vérité.

En bref, disons que la quête du vrai, dans ce qu'elle a de mystérieux, doit passer par l'enquête rationnelle qui met les choses en ordre (définition et démonstration), et qui est finalement la conquête du sens de la vie et de l'existence de l'homme. Le désir d'absolu doit être discipliné par les exigences du raisonnement logique, et ces raisonnements doivent eux-mêmes rendre possible de discipliner l'action, c'est-à-dire la conduite humaine. La philosophie est ce moment où la quête du vrai (qui peut passer par la religion, les œuvres d'art ou l'action politique) se fait enquête, c'est-à-dire ensemble de procédures rationnellement éprouvées visant à obtenir un résultat. Cette enquête au sens d'un processus réglé est elle-même une conquête, c'est-à-dire une prise de possession résolue et volontaire du réel, une appropriation pensante de la nature (y compris humaine) telle qu'elle se donne de manière immédiate. Par où l'on voit que cette ambition d'atteindre le vrai ne relève pas d'un délire d'omniscience ou de pertinence absolue, mais qu'elle n'a pour seule finalité que le bonheur, être heureux : trouver un style de vie qui rende la vie supportable et qui nous rende aimables.

2.

Nature (*physis*)

1. *Art et Nature*

Aristote écrit : « En effet, ce n'est pas la nature qui imite l'art, mais l'art qui imite la nature et qui existe pour aider et compléter ce que la nature a négligé » (6). Cette proposition se retrouve terme à terme dans la *Physique* (livre II, 8, 199 a) : « D'un côté l'art imite la nature, et de l'autre il la porte à un degré d'excellence qu'elle est incapable d'atteindre par elle seule. » Que signifie cette proposition qui énonce que l'art imite la nature ? Pour le comprendre, il faut se rappeler qu'en grec « art » se dit *tekné*. Lorsque Aristote parle de l'« art », il faut donc entendre, non pas seulement les beaux-arts, l'art fait pour le plaisir des sens qui est celui conçu par la tradition esthétique du XVIIIe siècle à partir de Baumgarten (1714-1762, *Esthétique*), mais toute forme de savoir-faire, toute « technique » dans la mesure où la technique consiste en la transformation qualitative d'un donné. « Art » au sens grec de *tekné*, c'est un savoir qui se décline en un faire, une connaissance de l'ensemble des règles qui permettent de se rendre maître de ce qui est déjà là, présent devant nous, offert au travail de l'homme. L'art (*tekné*), c'est donc au sens large le savoir-faire de la modification qualitative de ce qui est déjà présent. Dans cette perspective, l'art du menuisier consistera à se rendre maître du bois, celui du médecin à se rendre maître du vivant organique, celui du stratège à se rendre maître des passions humaines, pour les diriger, les contrôler, les parfaire, leur donner un but. Car le problème est bien là, le but ou la fin (*télos*). Lorsque Aristote nous dit que l'art « imite » la nature, il sous-entend que la nature est en elle-même un mouvement finalisé, un mouvement de croissance et d'autodépassement qui tend vers une fin. La nature est « principe de mouvement » (*Physique*, livre 2, 192 b 21), c'est-à-dire qu'elle est l'impulsion interne par laquelle un être s'épanouit, de l'intérieur vers l'extérieur, du latent au patent, de l'implicite jusqu'à l'explicite. Les Grecs percevaient dans le mot *physis* un mouvement de croissance, une expansion, un « gonflement » (*emphusésis*). La nature propre du germe est de pousser, de croître et de donner une fleur qui est son être pleinement achevé. La nature est principe de mouvement pour tout être en tant qu'elle est le « moteur » qui le mène à sa forme propre excellente, c'est-à-dire parfaite en son genre. Ce que veut dire Aristote, c'est que ce principe de mouvement finalisé est partout présent (sauf dans les cas de « hasard »), offert à l'observation de l'homme comme l'élément qui le précède et en lequel seul il peut lui-même s'accomplir. La nature, c'est ce qui est déjà là, donné, offert de manière immédiate et spontanée ; ce n'est donc pas quelque chose d'inerte et de statique, c'est un mouvement, une dynamique, un principe d'évolution et de croissance.

Or justement, l'art (*tekné*), c'est l'effort par lequel l'homme redirige cette immédiateté naturelle, l'effort par lequel il la fait sienne en la redéterminant, en la transformant, en ajoutant des médiations laborieuses à cet immédiat offert spontanément. Mais en quel sens alors l'art imite-t-il la nature ? Au sens où il ne peut faire autrement que de reproduire le mouvement naturel qui porte chaque chose à la plénitude de sa forme. La nature, c'est ce qui fait que la chose se produit telle qu'elle se produit ; l'art, c'est le travail qui reproduit ce « se produire ». Lorsque le forgeron conçoit et produit un sabre, il passe par des étapes de fonte du métal, de frappe, de ciselage qui toutes ne font que mettre en œuvre des processus naturels. De plus, le forgeron produit un objet qui s'apparente, comme outil de défense, aux griffes des félins ou aux défenses des éléphants. En fabriquant un casque ou un sabre, le forgeron se conduit donc comme le ferait la nature si elle voulait doter l'homme de tels attributs. De même, lorsque le médecin soigne son malade, qu'il lui donne un médicament, il n'agit que dans la mesure où il prend acte de la nature, et qu'il la « redresse » là où elle semble avoir échoué : le médecin guérit quelqu'un parce qu'il le rétablit. Mais ce faisant, il ne fait rien d'autre qu'accomplir le mouvement naturel du corps, le ramener à sa fin propre, à savoir la santé. Et c'est là où il est nécessaire d'insister sur les deux faces de la proposition d'Aristote. Imiter la nature d'un côté et la parfaire de l'autre, c'est finalement tout un, c'est un phénomène simple. Lorsque l'art « porte la nature à un degré d'excellence qu'elle est incapable d'atteindre par elle-même » (le menuisier avec un rondin fait une chaise, et on ne trouve pas de chaise dans la nature) ou bien lorsqu'il pallie ses défaillances en « complétant ce qu'elle a négligé » (l'homme n'a pas de cornes, le forgeron fabrique un casque), il l'imite, c'est-à-dire qu'il tâche de reproduire le mouvement qui la caractérise. La nature ne produit pas d'elle-même des statues de bronze ; l'artiste en ce sens parfait la nature puisqu'il exploite un de ses éléments, un métal, et qu'il le fait parvenir à la rigueur d'une forme que, laissé seul, ce métal n'atteindrait pas. Mais pour parvenir à cette fin, l'artiste ne peut faire autrement que de suivre les lois naturelles de la fusion des métaux, les règles de taille de la pierre, etc. Autrement dit, Aristote part du principe que la nature laisse des espaces vacants, des zones de contingence et d'indétermination, des domaines où l'inventivité humaine peut s'exercer, mais toujours moyennant la compréhension des mouvements propres de la nature.

IMITER N'EST PAS COPIER

À cela il y a une conséquence qu'il faut tirer pour rendre intelligible ce thème de la nature : le fait que lorsque l'artiste imite l'artiste et non pas la nature, ses productions sont instables et vouées à l'échec. Si pour bâtir une maison, le constructeur (8) se contente d'imiter des constructions déjà existantes, sa maison ne pourra pas tenir debout. Pour qu'elle soit solide, il devra se réapproprier lui-même les principes géométriques et mathématiques qui rendent possibles le tracé d'un plan, l'évaluation des rapports de force entre les différentes structures du bâtiment… Imiter la nature, cela signifie donc aussi revenir à la source, au principe, faire siennes les déterminations fondamentales du réel et ne pas se contenter de se conformer aux productions déjà existantes. Le bon constructeur doit s'en remettre aux lois de la construction, de même que le bon législateur doit s'en remettre aux lois du bon gouvernement et non pas se contenter d'imiter les lois appliquées par le pays voisin. Croire que se contenter de calquer des lois qui fonctionnent ailleurs va « rétablir » un pays, c'est, pour Aristote, courir un grand danger. Si l'on reprend les exemples qu'il donne, cela reviendrait pour un médecin à établir ses ordonnances en fonction des ordonnances d'un de ses confrères et non en fonction des exigences propres de son malade. Il est aisé d'imaginer le résultat.

Par où l'on voit que ce qu'Aristote entend par « imiter » est exactement le contraire de faire un décalque, puisque cela consiste non pas à copier les contours superficiels de ce qui est déjà là, mais à reproduire le mouvement naturel par lequel les choses se produisent. L'artiste reproduit artificiellement le « se-produire » de la nature. Et dans cet effort, c'est la discipline philosophique qu'il met en œuvre, car elle seule peut s'approprier par la pensée les lois du réel. La philosophie est la science qui comprend la manière dont les choses se passent, se déroulent ; elle est donc apte à fournir la base théorique dont l'artiste a besoin pour reproduire une chose.

Conclusion : l'artiste ne peut faire autrement que de suivre les seules nécessités qui soient, c'est-à-dire les nécessités naturelles. Comme on vient de le dire, les « suivre » implique avant tout de les comprendre et donc de s'en rendre maître, pas du tout de s'y conformer superficiellement. Sur le fond, l'idée est que lorsque l'art accomplit le donné naturel la nature ne cesse pas de précéder l'art en principe, puisqu'elle est ce par quoi chaque chose atteint sa fin et que l'art lui a emprunté ce but (« la genèse conforme à la nature se produit en vue d'un but », 3) ; c'est en ce sens que, de façon simultanée, l'art est en même temps l'adjuvant dont la nature a besoin lorsqu'elle rencontre un obstacle, et le servant d'une nature qui le précède et l'oriente toujours déjà. L'art imite la nature au sens où la nature est ce qui pose des buts. L'art parfait la nature au sens où parfois la nature semble manquer son but.

2. *Nature et principe* (archè)

Aristote pose qu'il y a une hiérarchie naturelle des biens dont les valeurs intellectuelles constituent le degré suprême (4). L'esprit est le sommet de l'échelle des êtres. Ce qu'il est intéressant de noter, c'est que cette hiérarchie naturelle concerne aussi bien l'ordre de l'éthique (le domaine de l'action), que l'ordre ontologique (le domaine de ce qui est) ou l'ordre logique (le domaine du discours). Il y a une coïncidence entre l'ordre de l'agir, de l'être et du connaître, une coïncidence naturelle entre la discipline de l'action, l'ordre de l'être et la discipline du jugement. Ainsi, dans ce texte, juger correctement, c'est estimer supérieur ce qui l'est véritablement. Juger d'une autre façon, c'est mettre les choses sens dessus dessous, en estimant par exemple que les choses extérieures sont préférables à la personne, que le corps est supérieur à l'âme, etc. Renverser cette hiérarchie naturelle, c'est, comme le précise Aristote à plusieurs reprises, agir de manière « folle » (voir « Qui est l'insensé ? », p. 113).

D'autre part, comprendre une telle hiérarchie, c'est rendre possible de comprendre la nature de tout ce qui est en le référant à sa cause. C'est là le problème du mode de dérivation des réalités, exposé dans le délicat paragraphe 5. Dériver les réalités, c'est montrer comment naturellement les choses viennent à être de manière ordonnée, rationnelle en fonction de leur principe. C'est poser par exemple que les nombres sont antérieurs en définition et en substance aux lignes, que celles-ci sont antérieures aux surfaces, qui elles-mêmes sont antérieures aux volumes. L'idée, c'est qu'un volume implique dans sa définition et dans son être la surface, qui implique la ligne, qui implique le nombre. Ainsi, on peut dériver une réalité donnée, par exemple un volume, à partir de la seule considération des principes qui la constituent. « Et l'antérieur est plus cause que le postérieur, car si le premier [l'antérieur] est supprimé, est supprimé ce qui tient de lui sa substance. » Ce qui est antérieur en principe au volume, c'est la surface, et de proche en proche, le nombre. Si donc l'on supprime le nombre, on supprime du même coup le volume. La raison d'être substantielle est ici identique à la raison de connaître : on ne connaît le volume qu'en tant qu'on peut le mesurer grâce à des nombres, et sans nombres il n'y aurait tout simplement pas de volume. Cette thèse ici défendue par Aristote est très proche de celle défendue par Platon.

Mais sans entrer dans des discussions d'histoire de la philosophie, le point qui doit retenir notre attention est la thèse fondamentale selon laquelle la chaîne des raisons (identifiée ici à celle des causes) n'est pas infinie. Si l'on remonte d'une chose donnée à sa cause, et de cette cause à la cause de la cause, on finira par arriver, telle est la conviction d'Aristote, à un principe qui lui-même cause tout le reste, mais qui n'est causé par rien. La démonstration qui fait apparaître les raisons d'être n'est pas circulaire, elle ne peut pas être sans fin, sinon les mêmes choses seraient à la fois cause et effet les unes des autres : ce serait la confusion totale. Autrement dit, il doit y avoir une hiérarchie pyramidale des valeurs et des choses, ce qui implique qu'en dernier recours il y ait un principe absolu, un sommet de la pyramide qui n'est lui-même engendré par rien d'autre que lui, soit, qui est à lui-même sa propre raison d'être. C'est ce que Platon appelait l'anhypothétique et qu'Emmanuel Kant (1724-1804) appellera la condition inconditionnée. La chaîne formée par les êtres naturels et les causes rationnelles n'est donc pas infinie, elle est finie, elle s'arrête quelque part et le moment de cet arrêt est ce qu'Aristote appelle le principe, ou dieu, soit la raison de l'engendrement de l'univers. Raison qui est à elle-même sa propre raison, et qui n'est donc pas subordonnée à autre chose qu'elle.

La portée d'une telle thèse est incalculable. Cela signifie 1) que la science est possible, 2) que l'homme peut en droit connaître l'ensemble du réel, 3) que l'univers forme une totalité de sens qui ne se perd pas à l'infini, et 4) qu'il y a un dieu, par quoi il faut entendre, comme nous l'avons vu, une raison ultime autogénératrice, productrice d'elle-même en même temps que du monde. Autrement dit, si la nature est hiérarchisée selon un ordre invariant, et si l'homme peut reconnaître les raisons d'être des choses en comprenant de quoi elles dérivent logiquement et ontologiquement, c'est simplement parce qu'il y a une raison ultime, sans laquelle rien ne pourrait être. De cette source procède, dérive, surgit un ensemble d'entités dont nous faisons partie et qui forme l'univers. Connaître la nature, c'est alors remonter le fil des raisons qui lie chaque chose à sa cause, et chaque cause à son principe ultime.

3.

Bonheur (*eudaïmonia*)

1. *Bonheur et fin*

Le bonheur est le thème principal de l'*Invitation.* Il est alternativement défini comme sagesse (*sophia*), comme contemplation (*théoria*), comme pensée ou encore comme « exercice approprié de l'âme ». Ces différentes expressions désignent toutes à peu près la même chose. Le bonheur, c'est la fin (*télos*) de l'humain. Que faut-il entendre par là ?

À plusieurs reprises, Aristote, pour montrer que le seul bonheur possible pour l'homme réside en l'exercice de sa pensée, tire argument du fait que celle-ci est ce qui se développe en dernier chez l'individu, au terme de sa croissance. On commence par sentir (âme sensitive), puis on se nourrit (âme nutritive), puis on désire (âme désirante), puis on se déplace (âme locomotrice), puis enfin, on réfléchit (âme pensante). La pensée, en laquelle seule peut résider le bien-vivre pour l'homme, est ce qui se développe en dernier lieu, au terme d'un complexe mouvement de croissance organique. Il faut donc affirmer que dans l'ordre chronologique de l'histoire de l'individu la puissance spéculative est la dernière à apparaître, la dernière à se mettre à l'œuvre ; mais il faut aussitôt ajouter, ce que ne manque pas de faire Aristote, que dans l'ordre logique elle est la première. Cela signifie que la pensée est la raison première de l'homme, ce vers quoi, dès le commencement, sa nature est tout entière tendue (ou : on ne peut pas définir, ordre logique, un homme sans la pensée). Sa raison d'être (à l'homme) n'apparaît pas distinctement de manière immédiate, mais tend à se réaliser progressivement. La « fin » de l'homme — non pas au sens du seul terme qui vient clore la suite — mais au sens du « but » qui oriente toute la suite — est, pour cette raison, présente dès le commencement, parce qu'elle est ce qu'il y a de plus digne pour l'individu, ce qui lui convient le mieux, ce qui lui est approprié. C'est littéralement « ce pour quoi » il est fait, ce qui lui convient, ce dans quoi et à partir de quoi il va trouver à s'exprimer pleinement. Dans la perspective du philosophe, « ce pour quoi il est fait » ne peut pas ne pas être logiquement antérieur à ce qui mène chronologiquement à cet état. Il est donc nécessaire de distinguer une antériorité logique (dans l'ordre des raisons d'être de l'individu, c'est la sagesse qui vient en premier, elle est prioritaire, c'est-à-dire rationnellement plus digne) d'une antériorité chronologique (dans l'ordre du développement vital de l'individu, c'est par la sensation que tout commence, elle est historiquement première).

La pensée est la raison d'être de l'homme, partout présente même lorsque l'homme ne pense pas; elle est sa seule mesure (*metron*), ce à partir de quoi tout ce qui le concerne va pouvoir trouver sens. Si elle n'était pas toujours déjà là, ne serait-ce que virtuellement, en puissance, à l'état latent, l'homme n'existerait tout simplement pas. En ce sens, le bonheur pour l'homme va seulement consister en une conformation à cette destination, en un effort pour se rendre digne de cette potentialité, en un travail pour que le latent devienne *in fine* patent. Ce travail, c'est l'exercice de la pensée dirigé par la philosophie; la fin de ce travail, c'est le bonheur, l'exercice qui seul convient à l'âme, autrement dit, la sagesse. Être heureux, c'est pour le philosophe se rendre digne de cette destination naturelle de l'homme. On lit au paragraphe 3 : « C'est donc une certaine sagesse qui est, conformément à la nature, notre accomplissement, et exercer la sagesse est le but ultime pour lequel nous avons été engendrés. » Ce but ultime en tant que « raison d'être » est antérieur, logiquement parlant, à tout autre mode de la présence humaine.

Pour employer une comparaison, notre corps individuel en tant qu'organisme est pour Aristote essentiellement antérieur à nos mains ou à nos pieds, car c'est l'existence de l'organisme lui-même qui seule peut expliquer l'existence des différents organes. En juxtaposant ou en additionnant des oreilles, des yeux, des pieds, un nez, etc., on ne fait pas un organisme, on fait une créature monstrueuse, une chimère, un être impossible car il n'est qu'un simple agrégat d'éléments disparates. Si la coordination de pieds, de mains et d'yeux peut faire quelque chose comme une totalité unifiée, individuée, complètement elle-même en chacune de ses parties (je ne suis pas moins moi-même dans mes cheveux que dans mes yeux), c'est précisément parce que l'organisme lui-même est logiquement antérieur aux membres qui le constituent. Si les membres du corps de l'homme concordent pour former une totalité unifiée, un ensemble harmonieux, c'est, selon Aristote, que cette totalité est déjà comme anticipée par chacune des parties; anticipée comme un but à atteindre. En ce sens, pour Aristote, le tout est nécessairement antérieur à la partie, la visée finale nécessairement antérieure au commencement naissant, la sagesse de l'homme mûr nécessairement antérieure à l'incohérence de l'enfant. Conclusion : la pensée est le bonheur de l'homme car c'est sa fin d'être naturel, ce en vue de quoi, littéralement, tout est fait. « Le but dans lequel une chose a été engendrée est donc le même que celui dans lequel elle *devait* être engendrée » (3, souligné dans le texte).

LA BELLE VIE

C'est d'ailleurs la raison pour laquelle le philosophe insiste longuement sur le fait que la seule sensation (donc le premier stade du développement chronologique) est déjà une forme d'intelligence. Sentir est la première faculté qui caractérise le vivant, le petit de l'homme; et déjà à ce stade initial, naissant, c'est la pensée qui se fait jour, quoique sous une forme insatisfaisante. Ce qui vient en dernier est d'ores et déjà là au commencement de l'être, comme fin à atteindre, potentialité à développer, virtualité que toute une vie d'homme permettra peut-être de faire passer à l'acte. Le bonheur, ce ne peut être que la pensée, ou plutôt ce doit être la pensée; et cette destination est toujours déjà inscrite en la présence de l'enfant. L'enfant, dès lors qu'il sent, veut être heureux, et tout en lui pressent que c'est par le travail de la raison que le bonheur deviendra un jour possible. C'est grâce à un tel raisonnement que l'on peut comprendre ce qu'expose Aristote lorsqu'il s'attarde sur le développement chronologique naturel des facultés de l'homme. Ce qu'il veut montrer, c'est que le terme chronologique (les vieillards sont souvent les plus sages : « Et c'est pourquoi la vieillesse fait valoir ses droits sur ce seul bien [la sagesse] », 3) est aussi le but ontologique (l'homme ne peut s'accomplir, se réaliser, que comme sage), et que ce but est déjà présent au commencement (l'enfant, dès qu'il sent quoi que ce soit, est mis en demeure de penser, ce qu'on lui demande c'est d'« être sage »). Ainsi compris, le bonheur est saisi comme sagesse et la sagesse est saisie comme accomplissement de la nature de l'homme, fin de l'humanité. Mais que faut-il entendre par l'idée d'accomplissement ? Qu'est-ce que cela implique, que la sagesse soit la fin naturelle de l'homme ?

Pour le rendre sensible, on peut songer à l'expression courante qui dit qu'un homme est « épanoui », car cette manière de dire est lourde de la pensée d'Aristote. Ce que l'on entend par là, c'est que, exactement comme un vivant, végétal ou animal, l'individu s'est porté à son maximum de détermination ; rien de ce qui était possible en lui n'est demeuré à l'état latent, de quelque chose qui demeurerait « à faire ». La fleur qui a fleuri est complètement « florale », est entièrement elle-même au sens où rien en elle ne demeure implicite, empêché ou entravé. L'« homme épanoui », c'est l'homme dont les potentialités se sont réalisées, qui est donc libéré de toute frustration, c'est l'être dont le possible est entièrement « passé à l'acte », et auquel, dès lors, il ne manque plus rien. Une femme « épanouie » est « belle » au sens où rien en sa présence ne suscite chez celui qui la regarde un sentiment de gêne ou d'entrave. Le mouvement est libre, déployé sans contrainte, il ne suscite aucune sensation de pénibilité. Aristote ne veut pas dire autre chose lorsqu'il écrit que le bonheur est la vie « belle » pour l'homme (11), ou que le bonheur, comme le dit aussi une autre locution, c'est la « belle vie ». La vie de sagesse est la belle vie pour la raison évoquée : comme passage à l'acte de la plus excellente des potentialités de l'homme elle est aussi la chose la plus harmonieuse qui se puisse concevoir pour l'individu ; résolution de potentialités divergentes en une forme unique : « le philosophe est le seul dont les activités soient droites et belles » (8). Aussi, la simple vision du sage sera-t-elle pour l'apprenti philosophe un modèle de liberté et d'épanouissement : « En outre, quelle règle ou quelle détermination plus exacte de ce qui est bien peut-il y avoir pour nous, si ce n'est le sage ? », 6). Lorsque la fin est saisie, que la pensée est à l'œuvre dans la vie de l'homme comme la chose la plus digne qu'il puisse rechercher et atteindre, alors son être s'épanouit, se libère, ne connaît plus d'entraves ni de disgrâce.

Pour résumer, disons que le bonheur est triplement déterminé, comme vie bonne (le bien, c'est d'atteindre la fin), comme vie vraie (la fin, c'est la vérité) et comme vie belle ; l'homme qui vit bien selon le vrai est beau et libre comme est libre, belle, et gratuite une fleur qui fleurit. Ces trois déterminations sont et font tout un : c'est la réalisation finale de cet être naturel qu'est l'homme. Sa normalité doit être cette excellence.

2. *Bonheur et maîtrise*

De ce qui vient d'être dit concernant l'excellence de l'homme selon Aristote découle une conséquence qui jette une lumière sur l'ensemble du texte de l'*Invitation.* C'est la question de la maîtrise, du rapport de subordination qui lie les choses à la pensée. En effet, comme il a été indiqué, la « fin », qui est la pensée spéculative, est ce qui, venant en dernier dans l'ordre chronologique, est pourtant ce qui vient en premier dans un ordre logique. Pour cette raison même, la pensée est ce qui commande à tout le reste, elle est un « principe » au sens de ce qui conditionne une chose (plan de l'être) et de ce qui commande à une chose (plan du devoir-être). La pensée est ce qui impose au reste de l'être et du monde ses ordres. La pensée, parce qu'elle est la fin, commande et ordonne au double sens d'ordonner : mettre de l'ordre, donner des ordres. Elle donne des ordres, elle est une sagesse « prescriptive » (la raison commande à la partie sensitive de l'âme et d'une manière générale l'âme commande au corps), et elle met en ordre, elle est une sagesse « corrective » (l'âme doit remettre chaque chose à sa place, par exemple, considérer qu'il est plus important de philosopher que d'accumuler des richesses : « [...] le bonheur n'est pas dans le fait d'avoir acquis une foule de choses... », 1). Tout bonheur ne sera donc possible que si l'individu 1) reconnaît cette préséance de la pensée qui est la fin (*télos*) de l'homme et, 2) la met en œuvre pour qu'elle soit ce qui le guide dans ses jugements et dans son comportement. Le bonheur sera donc fonction de la capacité de l'homme à reconnaître et à respecter les jugements et les prescriptions de sa raison.

Aristote développe cette thèse en imbriquant les uns dans les autres plusieurs liens de subordination qu'il importe de distinguer : à la raison (la pensée spéculative) est subordonnée l'âme tout entière (qui sent, se nourrit, etc.). À l'âme tout entière est subordonné le corps (l'âme commande au corps). À l'individu tout entier (corps et âme) sont subordonnés les biens extérieurs (richesses, objets...). Il y a donc de ce point de vue ce qu'il faut appeler une « hiérarchie naturelle des biens », un ordre objectif des valeurs dont le sommet est occupé par l'âme pensante. Le bien suprême est celui qui est désirable par soi, par différence avec les autres qui lui sont subordonnés et qui ne sont désirables qu'en tant que moyens.

Par conséquent, ce qu'Aristote veut affirmer, c'est l'autorité absolue et le pouvoir sans limite de la raison comme instance dirigeante, gouvernante, législatrice. Mais pourquoi a-t-elle cette autorité ? Elle est le sommet de cette hiérarchie naturelle des biens tout simplement parce qu'elle est capable de saisir, de reconnaître et de comprendre cette hiérarchie. La pensée est le sommet de l'ordre parce qu'elle est seule capable de reconnaître l'ordre, et ainsi d'agir de manière sensée, donc, de mettre de l'ordre dans les choses et de donner des ordres pour diriger l'agir. Saisir que le bonheur ne peut être atteint que par la pensée suppose de mettre la pensée à sa place et de rétablir la juste hiérarchie qui la lie, d'une part, aux autres facultés (sentir, se mouvoir), d'autre part, à la matérialité (le corps de l'individu), et enfin à la propriété (les choses, les biens extérieurs que l'on peut posséder). Avoir d'abord une conscience claire de cette hiérarchie est pour Aristote le seul moyen de parvenir à accomplir et à réaliser sa fin. Si le bonheur est défini comme passage à l'acte, épanouissement, grâce à la contemplation, il n'en reste pas moins que cet épanouissement n'est possible que moyennant un rapport approprié à son propre corps et aux choses qui nous environnent. Autrement dit, le bonheur implique de saisir le lien de commandement principiel qui unit la raison au reste de l'univers, donc de comprendre la hiérarchie que nous avons explicitée, et à partir de là de la mettre en œuvre. D'où la présence de ces impératifs moraux qui énoncent qu'il faut préférer l'exercice spirituel à l'accumulation des richesses, qu'il ne faut pas omettre de prendre soin de son corps selon un intérêt rationnellement posé, etc. Ces recommandations, ces injonctions n'ont pas d'autre but que de, littéralement, « remettre les choses en place », de les situer de manière exacte dans la hiérarchie naturelle des valeurs. Par exemple, s'imaginer pouvoir jouir comme d'une fin de ce qui n'est en soi qu'un moyen (aimer l'argent pour l'argent, et non pas pour autre chose que l'argent), c'est littéralement mettre sens dessus dessous l'ordre rationnel du réel ; c'est basculer dans la folie. La pensée va donc ici agir comme une puissance de rétablissement, de redressement, bref de maîtrise, qui redonne son sens (physique et spirituel) à chaque chose. À ce titre, il faut se souvenir de ce qui a été énoncé lorsque nous parlions du médecin qui ne guérit le malade que dans la mesure où son art (*teknê*) lui permet de le « rétablir », c'est-à-dire de rétablir en lui la santé, le mouvement vital de croissance. L'on voit bien que dans ces considérations sur le bonheur et sur la maîtrise du réel Aristote continue, en fait, de développer la même thèse : la pensée rationnelle est la « technique » qui va permettre de rétablir l'ordre du comportement moral (qui concerne les mœurs au sens large) de la même manière que la médication est la technique qui va permettre de rétablir l'ordre du développement vital (qui concerne le vivant au sens large). Dans les deux cas, c'est la pensée qui se déploie comme appropriation pensante du réel, comme thérapie du corps et de l'âme, seul moyen de guérir du désordre et de la contingence du monde. Il y a une coïncidence des degrés de réalité, de vérité et de bien.

4.

Sagesse (*sophia*)

1. *Sagesse et contemplation*

À plusieurs reprises dans le texte de l'*Invitation*, Aristote explique que la sagesse consiste à contempler (*théoria*) les principes. Ce qui est remarquable, c'est qu'à aucun moment la contemplation ne se voit rigoureusement définie, ni les principes en question nommés. Ce fait s'explique-t-il par l'incapacité du philosophe à donner un contenu positif à son exhortation, ou faut-il entendre au contraire que ce contenu doit être retrouvé par le lecteur et lu entre les lignes ?

LA CONTEMPLATION COMME MOUVEMENT

Nous pensons qu'il est possible de déterminer précisément ce qu'affirme Aristote au sujet et de la sagesse comprise comme contemplation, et des principes. Tout d'abord, la contemplation. Par « contemplation » on entend communément une activité passive par laquelle un individu se rend disponible pour un objet qui lui est extérieur. Une œuvre d'art par exemple. On veut dire alors que celui qui contemple fait l'effort d'une confrontation avec l'œuvre par laquelle l'expérience esthétique va devenir possible. Faire l'expérience signifie alors : faire l'épreuve de la résistance de l'œuvre, le fait qu'elle se donne et paraisse d'une manière indiscutable, qu'elle résiste donc à la subjectivité parce qu'elle se donne objectivement et nécessairement. Contempler, c'est alors tout à la fois le fait de recevoir quelque chose et l'activité par laquelle on se rend soi-même disponible pour recevoir quelque chose. C'est cette dualité de la contemplation, à la fois passive (réceptive) et active (productrice), qu'il importe de souligner.

En effet, à lire rapidement le texte d'Aristote, on pourrait croire que ce qu'il appelle sagesse et qu'il définit comme contemplation pourrait se résumer à regarder dans une espèce d'au-delà indéterminé, à se livrer passivement corps et âme à un domaine surnaturel, à quitter en quelque sorte la vie, pour se réfugier dans un arrière-monde chimérique. Le sage se retrouverait alors plus proche du dieu certes, mais si loin des hommes qu'il ne pourrait apparaître vis-à-vis de ses contemporains que comme un autiste apathique, délivré de la contingence de ce monde car prisonnier de la nécessité d'un autre monde, délivré de la fugacité des phénomènes car incapable de ne plus jamais vivre ni sentir quoi que ce soit. Contempler reviendrait alors à s'abstraire du monde, à disparaître au regard des autres hommes, et être sage à renoncer à la vie.

Il est vrai que cette dimension n'est pas complètement absente du texte d'Aristote (l'on sent d'ailleurs dans ce thème l'influence platonicienne : philosopher comme « mourir et être mort », *Phédon*), et il faut lui faire droit. Mais il faut aussi souligner la force volontaire qui caractérise cet idéal de sagesse comme contemplation. Pour le comprendre, il faut saisir la face active de la contemplation. La *théoria* est avant toute autre chose une activité de l'âme, un effort, un exercice. Qu'elle prenne pour objet les principes ne signifie pas qu'elle se résume seulement à un effort d'abstraction sans efficacité sur le réel, sans prise sur le monde. C'est même exactement le contraire. L'activité spéculative de l'âme n'est pas abstraite au sens vulgaire, c'est-à-dire coupée de la réalité, elle est on ne peut plus concrète, puisqu'elle dévoile l'essence vraie de la réalité. La contemplation, dans la mesure où elle est l'effort que fait l'âme pour s'approprier les principes du réel, ramène exactement au cœur du réel, elle n'en n'éloigne pas. Le concret, ce n'est pas ce qui est donné à la perception comme une évidence sensitive, le concret c'est ce sur quoi tout le reste fait fond ; ce qui est vraiment concret, c'est le fondement. Plus concret que tel ou tel triangle dessiné sur le sable est la définition même du triangle qui résiste à tout effort de l'imagination, qui résiste à toute contingence de la perception, à toute particularité des circonstances présentes. Plus concret que tel ou tel chat croisé au détour d'une rue est la définition même du chat qui dépasse et en même temps révèle tout chat réellement existant. Ce qu'Aristote entend par contemplation, ce n'est pas autre chose que cet effort par lequel la pensée fait sienne l'essence de la réalité, l'essence du réel dans ce qu'il a de nécessaire, universel et objectif, donc vrai. Contempler, c'est s'extraire du multiple (les chats que j'ai vus ou qui pourraient être) pour prendre en vue l'unique (le chat qui n'est aucun chat mais sans lequel aucun chat ne pourrait être), c'est se délier de la diversité du factuel pour prendre en vue l'unicité du principiel. C'est effectivement « mourir » dont il est question, mais au sens de « mourir à », de renoncer à l'étourdissante diversité phénoménale. Cet effort ne coupe pas du monde pour la raison qu'il révèle les seules choses qui tiennent dans le monde, il ne rend pas le monde insupportable ou inintelligible, il le rend significatif, structuré et compréhensible. L'homme est cet être en lequel la nature se retrouve elle-même sous le jour de la nécessité.

Bref, on le comprend, contempler ne veut rien dire d'autre que penser ce qui est nécessaire. Si penser ce qui est nécessaire doit être qualifié de fuite en dehors du monde des hommes, alors oui, Aristote est un déserteur. Mais si penser ce qui est nécessaire signifie se rendre soi-même présent à l'essence du réel, alors le sage d'Aristote est le seul homme qui soit vraiment présent aux choses, tout simplement parce qu'il est absent à leurs particularités changeantes (ce chat que je croise a une autre couleur que celle de celui que j'ai vu hier, etc.). Si donc, contempler veut dire s'approprier le réel tel qu'il est sans être victime de sa contingence et de ses apparences, alors on comprend qu'Aristote puisse écrire que seul le sage est « éveillé », et qu'à son regard les autres hommes paraissent des dormeurs. « Car on doit affirmer que c'est l'individu éveillé qui vit véritablement et souverainement… » (11). Reprenant en cela un thème cher à Héraclite d'Éphèse, il signale par là que l'incapacité à prendre en vue le nécessaire s'apparente à un sommeil de la pensée et qu'ainsi ne pas s'adonner à la philosophie, c'est rêver les yeux ouverts, se condamner soi-même à vivre d'illusions en illusions, se condamner à être arrêté, interdit face à chaque chose qui semble nouvelle, alors que le sage est celui qui sait reconnaître la permanence dans l'inédit, la constance dans le mouvement, la règle dans le dérèglement. Encore une fois, la thèse défendue est simple : le bonheur c'est la fin de l'homme, la pensée contemplative, c'est le bonheur, c'est ce qui fait passer à l'acte la puissance propre de l'humain. Ne pas la mettre en œuvre, c'est se condamner à dormir debout.

CONNAÎTRE ET AGIR

L'on voit ainsi que ce qu'Aristote entend par contemplation n'implique en rien de s'extraire du monde, de se couper du réel, ou pire de renoncer à l'action. Pour preuve ce qu'il affirme au paragraphe 8 : « […] nous ne menons pas une vie bonne en connaissant certains êtres, mais en agissant bien. » La contemplation n'est certes pas une production, mais elle est une action, c'est une activité, et mieux encore, c'est l'activité par excellence, parce que c'est la seule concrète, la seule qui permet de faire l'expérience de ce qui est stable et de ce qui tient, la seule donc, qui rend présent, au double sens de manifester à la conscience les objets tels qu'ils sont vraiment, et de faire prendre conscience au sujet de l'effectivité de son être. Comme il l'écrit au même paragraphe : « De la même manière, il est clair que, bien que la science soit contemplative, nous menons des milliers d'activités en conformité avec elle : nous saisissons telles choses, fuyons telles autres et, d'une manière générale, nous acquérons, grâce à elle, tous les biens. » Cela implique une conséquence de taille, qui prend à contre-pied les hédonistes de toutes les époques : le sage est le seul qui pourra jouir du monde. « Par conséquent, c'est seulement ou principalement aux philosophes qu'il appartient de vivre plaisamment et de se réjouir véritablement. » Ou encore : « [...] à ceux qui ont choisi la vie conforme à l'intelligence, il revient de vivre aussi avec le maximum de plaisir... » (11). Non seulement la contemplation n'est pas un exercice stérile vis-à-vis du réel, un passe-temps pour désœuvrés, mais c'est la seule activité, la seule œuvre, qui rend possible de jouir de quoi que ce soit, d'éprouver de la joie dans le monde. Dans la pensée du philosophe, celui qui jouit d'un plat délicieux sans s'apercevoir de la vertu propre de la nutrition dans l'ordre des facultés de l'âme ne jouit pas vraiment de son plat. Pourquoi ? Parce qu'il est incapable de restituer le sens exact de son action, c'est-à-dire de la resituer dans l'ensemble hiérarchisé des activités de l'homme ; en ce sens il fait un mauvais usage de la nourriture, un usage qui ne rend pas justice à la nécessité vitale de l'alimentation, non plus qu'à la destination finale de l'homme qui est la pensée. Dire qu'il est plus important de philosopher que de jouir des richesses, des biens appropriés, ne signifie pas qu'il est impossible de jouir des richesses ou que cela serait moralement nocif ; c'est tout le contraire, on peut et on doit jouir des richesses que l'on possède, mais on ne peut vraiment le faire que si l'on est conscient de leur place dans la hiérarchie des biens. À ce sujet, relevons que les trois premières lignes du texte sont sans équivoque : Thémison a de la chance car, disposant de richesses et d'honneurs, il se trouve en situation favorable pour philosopher. C'est-à-dire qu'il est en son pouvoir de faire de ces biens un usage correct et rationnel qui lui permette d'atteindre le bonheur. Mais on voit bien qu'à aucun moment ce qui relève des biens extérieurs et de la renommée n'est vu comme entrave à l'exercice philosophique ; comme tels, ce sont des instruments neutres. Si l'on s'en sert selon un intérêt égoïste, ils sont des obstacles ; si l'on s'en sert selon un intérêt rationnellement conduit (qui met chaque chose à sa place), ce sont des adjuvants précieux.

Le principe mis en œuvre par Aristote est simple et il faut y insister car ce genre de pensée n'est pas familier pour un lecteur contemporain : une hiérarchie rationnelle ne peut rien dévaluer parce qu'elle donne à toute chose sa valeur propre. L'inférieur n'est jamais discrédité comme tel, il gagne au contraire par là (par sa juste situation dans l'ordre des choses) toute sa place. Ainsi, la sagesse déterminée comme contemplation n'a rien d'un bonheur mortifère, ascétique au sens extrême, c'est un bonheur rationnel qui rend possible la vraie jouissance des choses extérieures : des biens possédés, du corps, c'est-à-dire de la médiation entre l'extérieur et l'intérieur ; et de l'âme, c'est-à-dire des richesses intérieures. Comme nous l'avons montré, dans ce texte, la sagesse est une forme de connaissance, mais cette connaissance est immédiatement un agir : connaître en vérité c'est agir convenablement, et agir convenablement c'est connaître en vérité.

2. *Sagesse et principe : voir et savoir*

Une fois que la sagesse a été définie comme contemplation et que toute équivoque a été levée concernant cette dernière, reste à savoir ce qui peut bien être l'objet propre de cette contemplation. Cet objet, c'est, comme il l'écrit au paragraphe 8, « la nature et le divin ». « Cependant, il est clair que, parmi les artisans, le philosophe est le seul dont les lois soient stables, et les activités droites et belles. / Seul, en effet, il vit en ayant le regard tourné vers la nature et le divin, et, à l'instar d'un bon timonier [qui s'oriente d'après les étoiles], c'est après avoir arrimé les principes de sa vie aux réalités éternelles et fixes qu'il s'élance et vit par lui-même. »

Notons d'emblée dans ce passage l'importance de la métaphore du « voir ». Le véritable savoir est un voir, la contemplation savante se détermine comme « pure vision ». Pour comprendre ces développements, il faut d'abord se rappeler que pour Aristote, comme pour une immense majorité de philosophes, le sens de la vision est l'excellence de l'homme, au sens où il est le plus proche de la rationalité. La vue aurait ce privilège par rapport aux autres sens du fait qu'elle révèle ce qui est présent en laissant intact ce qui est présent. Alors que goûter un aliment pour en saisir la saveur implique d'en même temps le détruire, de corrompre ce qui est goûté, alors que toucher implique d'altérer ce qui est touché du seul fait du contact physique provoqué, alors que sentir c'est se laisser pénétrer par le parfum, voir donne à percevoir sans jamais nuire à ce qui est vu. La vue donne le réel en le laissant intact, elle le donne dans la distance et la pureté de son apparition. D'autre part, la vue est ce sens par lequel le lointain est rendu proche, par lequel l'éloigné est rendu accessible, par lequel le distant est rendu présent. C'est cette caractéristique qui a notamment fasciné les philosophes grecs. Le fait que voir c'est s'approprier immédiatement ce qui demeurerait autrement hors de portée. Le fait que l'environnement de l'homme ne se limite pas aux objets qui l'entourent et dont il peut manuellement se saisir, mais que sa perception s'étende spontanément jusqu'aux frontières de l'univers, voilà qui est tout de même surprenant et merveilleux. Qu'un simple clin d'œil révèle une planète éloignée de millions de kilomètres est ce qui a conduit les penseurs grecs à considérer que la vue, plus que tout autre sens, entretient un lien d'intimité réel avec la pensée et avec le divin. C'est ce qui explique les assimilations nombreuses dans le texte entre voir et savoir, ainsi cette référence à Pythagore : « Parmi ce qui existe, qu'est donc ce pour quoi la nature et la divinité nous ont engendrés ? Interrogé là-dessus, Pythagore répondit : "Pour contempler le ciel." Et lui-même déclarait être un contemplateur de la nature et être venu à la vie en vue de cela » (3).

LA COURSE DES ÉTOILES

Voir la voûte céleste, telle serait la raison d'être de l'homme. Mais comme on l'a déjà dit, sa raison d'être, c'est de parvenir à la sagesse et au bonheur, par l'exercice réglé de sa puissance spéculative. Quel rapport précis faut-il donc faire alors entre voir et savoir, entre penser et regarder ? Le rapport est le suivant et implique de faire référence à des données historiques : le savoir, c'est la connaissance de règles nécessaires ; il ne peut pas y avoir de savoir de ce qui est purement contingent et relatif. Une règle, c'est la position formelle et abstraite d'une régularité. Or il y eut pour les Grecs un modèle absolu de régularité : la course des étoiles du ciel, le fait qu'elles reviennent à des intervalles fixes et prévisibles, et donc apparemment nécessaires. Parler de « modèle de régularité » n'est pas anodin, car c'est en fonction de cette connaissance astronomique qu'ont pu être développés des outils mathématiques qui permirent d'autres entreprises humaines (l'architecture, la navigation — d'où l'image du timonier —, l'aménagement de l'environnement, etc.). Comme l'écrit Aristote au paragraphe 8 : « C'est comme la vue : elle n'est productrice ni artisane de rien [...], mais elle nous permet d'agir grâce à elle et nous aide grandement dans nos activités [...]. De la même manière, il est clair que, bien que la science soit contemplative, nous menons des milliers d'activités en conformité avec elle... » L'astronomie et les spéculations cosmologiques ont donc été les moteurs historiques du développement rationnel de l'homme, les sources permettant de donner forme à toutes les activités productrices qui requièrent l'exactitude et la précision.

Alors que sur terre tout paraît sans cesse changer selon des rythmes difficiles à saisir autrement que de manière grossière (il y a quatre saisons dans les climats tempérés, les hirondelles reviennent au printemps, etc.), les mouvements célestes, eux, paraissent compréhensibles selon l'exactitude même des outils mathématiques dont ils ont contribué à favoriser le développement. Aussi comprend-on que pour dire que la raison d'être de l'homme, c'est le savoir, Aristote puisse dire (car c'est en réalité équivalent) qu'il a été fait pour regarder les étoiles. Regarder les étoiles et comprendre leurs mouvements, c'est parvenir au plus élevé degré de précision dont l'esprit soit capable, c'est se rendre maître et contemplateur du plus parfait des mécanismes. Contempler les principes, c'est donc regarder les étoiles, c'est-à-dire river son attention sur l'élément de permanence du monde, ce qui de soi est le plus digne d'être connu en même temps que la chose la plus belle à voir. Car le terme grec de *cosmos,* que l'on traduit par « monde » (latin *mundus*), signifie originellement « ce qui brille », la « parure », le bijou céleste. Le ciel d'étoiles qui nous surplombe, c'est la parure du monde, son excellence lumineuse, ce qui combine le maximum de régularité avec le maximum de grâce. Là encore, nous retrouvons cette homogénéité du vrai, du bien et du beau. Savoir au plus haut degré, connaître le vrai, c'est voir ce qu'il y a de plus beau, s'émerveiller de l'excellence du monde visible. En tant que formes régulièrement et exactement disposées, les étoiles sont donc les objets propres de la contemplation du penseur, le moyen sensible de faire siens les principes de la connaissance mathématique, la trace physique adorable de la présence divine, trace au contact de laquelle la rationalité de l'homme peut se mettre en branle et gagner ainsi sa juste place de contemplatrice du ciel, servante pensante du mouvement des étoiles.

LA LIBERTÉ

D'autre part, Aristote indique que « […] c'est après avoir arrimé les principes de sa vie aux réalités éternelles et fixes qu'il [le philosophe] s'élance et vit par lui-même », ce qui implique un rapport étroit entre le savoir-voir et l'autonomie de l'individu, sa liberté. Saisissons bien le paradoxe de l'expression : l'homme vit par lui-même, dans la mesure où il est arrimé ; il est libre dans la mesure où il est accroché, il est autonome en tant que subordonné, donc hétéronome. Le paradoxe a de quoi surprendre. Comment concilier en même temps ces deux propositions ? En fait, ce qu'Aristote veut dire, c'est que la liberté est tout sauf l'exaltation sans frein de la volonté subjective singulière, mais qu'elle s'incarne dans des actions conformes au jugement vrai. Être libre implique de consentir à l'ordre du réel et non pas de s'irriter de cet ordre ou de s'insurger contre lui. Vivre par soi-même, être pour soi-même son propre maître implique de reconnaître l'antériorité du divin qui rend seulement possible quelque chose comme une vie. Autrement dit, et c'est là un intéressant paradoxe, l'individu ne se sait lui-même comme subjectivité libre que dans la mesure où il reconnaît la puissance de l'universalité des principes : l'objectivité du monde. Sa particularité subjective n'est pas niée par l'universel objectif, elle est à l'inverse libérée par lui. La contrainte qui demeure inconnue est un asservissement, mais la contrainte reconnue devient force de loi, elle peut libérer l'espace d'une action possible. Contempler et aimer l'élément de permanence du réel, la course des étoiles, les principes des mathématiques, c'est se libérer de la contingence du monde, de la versatilité des apparences, et des contradictions des désirs subjectifs. L'individu singulier n'est libre qu'en tant qu'il est apte à se rapporter par la pensée et à se laisser guider par l'universel ; ce ne peut donc jamais être en niant ces principes qu'il peut affirmer réellement sa volonté libre, mais seulement en les reconnaissant et en les retrouvant, c'est-à-dire en les faisant siens. L'autonomie du sage n'est gagnée, appropriée, que sur la base d'une absolue subordination aux principes. La vraie liberté n'est conquise que sur la base d'une aliénation. « Vivre par-soi » implique alors de se reconnaître comme conditionné par un autre que soi : le divin, les réalités éternelles. Concrètement, cela signifie que la contemplation, comme vue de ce qui est réellement permanent et universel dans le monde, est le tremplin d'une libération de l'individu. L'intellection est une vision qui est une libération. Savoir et voir n'ont donc, il faut le répéter, rien d'opérations passives et stériles, ce sont tout au contraire les seules médiations permettant à l'individu de se libérer lui-même des contingences du réel, de devenir autonome en s'appropriant les raisons d'être : dans l'île des Bienheureux, « [...] il ne subsisterait que la pensée et la contemplation, ce que même maintenant nous disons être la vie libre » (7).

L'œuvre dans l'histoire des idées

1.

Le contexte historique de l'*Invitation*

Le texte que nous avons aujourd'hui sous les yeux et qui fut retrouvé en 1869 par le philologue allemand Ingram Bywater connut une grande popularité dans l'Antiquité. Il ne fait aucun doute qu'il influença profondément Épicure (341-270 avant J.-C.) dans la *Lettre à Ménécée*, plus tard Cicéron (106-43 avant J.-C.) dans l'*Hortensius*, Clément d'Alexandrie (150-215 après J.-C.) dans son *Protreptique aux Grecs* et aussi saint Augustin (354-430). En fait, cette « invitation » a constitué le modèle même de l'exhortation à la philosophie, et même plus largement de l'exhortation à toute forme de conversion spirituelle, ce qui explique que l'on trouve trace de son influence autant dans la tradition grecque païenne que dans la tradition romaine latine et finalement dans la patristique chrétienne (étude de tout ce qui concerne les Pères de l'Église). Toutes les pensées antiques ont prêché la nécessité d'un bond, d'un saut, d'un retournement, bref d'une conversion de l'âme de l'individu, et cette lettre d'Aristote a constitué le type exemplaire de l'invitation à changer sa vie.

1. *Un certain genre*

Comme nous l'avons dit, un protreptique est un discours d'exhortation qui a pour fin la conversion spirituelle du destinataire. Ce type de discours constitue dans l'Antiquité un genre à part entière, tout comme l'épopée ou la tragédie ; c'est le genre de discours qui consiste à inviter quelqu'un avec force et persuasion à pratiquer telle ou telle activité. Il y eut des protreptiques avant celui d'Aristote (Platon notamment), et il y en eut après lui (Clément d'Alexandrie par exemple). Pour mieux situer ce texte dans l'histoire de la pensée, rappelons que dans l'Antiquité gréco-latine les productions littéraires sont de part en part codifiées, réglées, scolaires, et que l'invention n'y a aucune place au sens où nous l'entendons aujourd'hui. L'exaltation du génie subjectif individuel, c'est-à-dire de l'originalité singulière de la personne dans l'expression de ses sentiments ou de ses idées, n'a pour les Anciens strictement aucun intérêt comme telle. Les auteurs obéissent à des règles rhétoriques, logiques, dialectiques, qu'ils ne peuvent pas contrarier ; des règles qui d'ailleurs peuvent parfois nous sembler étranges dans leurs applications car elles ne correspondent pas à nos attentes modernes. Ainsi, par exemple, l'on voit bien que dans le texte qui nous intéresse, le dernier paragraphe fait soudainement un usage important de citations mythologiques, et finit par invoquer les révélations de sectes pythagoriciennes au sujet des dieux. Il faut y voir (outre l'intérêt que cela présente vis-à-vis des thèses philosophiques défendues) une concession au genre « protreptique » lui-même, un passage obligé, une manière de dire qu'attendait certainement tout lecteur de l'époque ; donner le dernier mot à l'autorité du mythe, ou à l'autorité incontestable de la parole du sage, voilà un usage parfaitement prévisible pour qui est familier de cette antique tradition. De même, autre exemple, le fait de commencer la lettre par un éloge du destinataire de celle-ci, faire l'inventaire de ses vertus et qualités avant même que de commencer à dire quoi que ce soit, voilà une autre exigence dont le lecteur grec attendait qu'elle fût honorée par l'auteur (et dont le français classique a longtemps gardé souvenir). On ne peut guère surestimer l'importance cruciale de ces contraintes rhétoriques et argumentatives qui étaient pour les Anciens la condition *sine qua non* de l'énoncé d'une parole vraie. Ces règles scolaires d'énonciation s'appliquent donc même à des lettres du domaine privé, comme dans le cas du texte qui nous occupe, puisqu'il s'agit, rappelons-le, d'une missive envoyée par Aristote à Thémison, roi de Chypre. Cela pour dire que le discours que nous avons sous les yeux, vieux de 2500 ans, est un discours très typé, codé, dont la finalité comme la tournure faisaient immédiatement sens pour les Anciens, tant celles-ci étaient familières. Mais alors, quelle était généralement la finalité d'un protreptique et à quel registre d'écriture appartenait-il ?

2. *Caractérisation formelle de l'*Invitation

Pour le comprendre, il nous faut rappeler qu'en toute rigueur le genre du discours d'exhortation se situe théoriquement entre la propagande persuasive (ce que les Grecs appellent *epideixis* pour le différencier de l'*apodeixis*, la démonstration) et le conseil moral éclairé (le terme technique est la « parénèse »). Ce sont les frontières théoriques de ce genre : d'un côté il penche vers la propagande que l'on appellerait aujourd'hui « idéologique », et d'un autre côté il penche vers la leçon de morale aux fins d'édification, ce que, n'évitant pas l'anachronisme, on appellerait volontiers un « sermon ». Un protreptique, étant limité de ces deux manières, n'est donc ni un discours de propagande ni un sermon. Il ne vise ni seulement l'action politique volontaire et revendicatrice, ni seulement la méditation spirituelle de vérités premières ; il ne vise ni seulement l'action ni l'édification. Sa fin, c'est, comme on l'expliquera plus loin, la conversion rationnelle à une doctrine (ce qu'en grec on appellerait la *métanoïa*). Pour comprendre ce but, il faut se rappeler que dans l'Antiquité la philosophie n'est pas du tout un exercice solitaire, non plus qu'un système théorique de propositions. C'est prioritairement un choix de vie, un style d'existence dont plusieurs écoles concurrentes se disputaient l'exclusivité. Ainsi, l'école des épicuriens (le Jardin) qui prônait la vie en communauté, l'école des stoïciens (le Portique) qui insistait au contraire sur la nécessité de l'action cosmopolite, et, entre autres, l'école d'Aristote, le Lycée. L'enjeu, la finalité d'une telle conversion, c'était moins de choisir une doctrine, soit un corps unifié de thèses logiquement liées entre elles, qu'un genre de vie, une manière d'appréhender l'existence qui la magnifie, l'embellit ou la rend simplement supportable. L'*Invitation* à philosopher veut être en ce cas une invitation à choisir l'aristotélisme comme mode d'existence, une invitation à faire siens ses principes fondamentaux et à en tirer les conséquences d'un point de vue pratique. L'on comprend d'ailleurs par là qu'Aristote cherche principalement à convertir des personnages ayant autorité, des puissants, des rois, des princes, c'est-à-dire des êtres influents, susceptibles d'avoir une efficacité directe sur la société. Transformer le style de vie d'un prince, c'est transformer par contrecoup le style de vie de ses administrés, c'est faire gagner à la philosophie une efficacité que sinon elle n'aurait jamais. Le lecteur rétorquera qu'à ce titre il n'y a aucune différence entre un protreptique à la philosophie tel que celui d'Aristote et un manifeste politique. La différence existe toutefois et tient à la nature même de la philosophie, dont la fin n'est jamais la puissance comme telle mais seulement le bonheur. Par la conversion du prince à l'aristotélisme, Aristote ne vise pas stratégiquement son bien propre (à la manière d'un sophiste), mais, moralement, le bien de tous.

2.

L'*Invitation* : un appel et un seuil

1. *Un appel*

Philosophiquement considéré, un protreptique n'est rien d'autre qu'un appel et un seuil. C'est l'appel de celui qui se trouve déjà sur le chemin philosophique et qui ménage une voie d'accès à celui qui ne s'y est pas encore engagé. L'appel n'a de ce point de vue rien d'une exhortation stérile et péremptoire, sur le modèle de l'impératif : « il faut faire comme cela et pas autrement » ; ni rien non plus de la froideur paralysante d'un traité ou d'une thèse, sur le modèle d'une pensée systématique : « la vérité démontrée étape par étape ». C'est un appel de personne à personne, une lettre qu'un ami envoie à un ami, un message de parent à parent. Cet appel a une dimension qui est d'abord personnelle. Notons qu'une lettre est nécessairement adressée, elle vise la pensée de quelqu'un à un endroit et à un moment donnés. Dans le texte qui nous occupe, le destinataire est Thémison, roi de Chypre. L'adresse personnelle singulière (cette personne-là, à ce moment-là) ne frappe pas pour autant le protreptique de contingence et de subjectivité : la dimension singulière de la lettre coïncide, croise, rencontre ici l'universel. Thémison, c'est celui qui, quels que soient le temps et le lieu, n'a pas reconnu la valeur et l'efficace du chemin tracé par la philosophie. Thémison, c'est le dormeur d'Héraclite (fragment 73), l'aveugle de Marc Aurèle, celui qui, en pleine lumière au moment de la veille, demeure dans la nuit et le sommeil. Thémison, c'est celui qui a besoin d'être enseigné car il est désorienté, il ne sait plus où aller. Une invitation à la philosophie telle que celle d'Aristote (cela vaudrait plus largement pour des discours d'exhortation ultérieurs) a donc ceci de spécifique qu'elle synthétise le singulier et l'universel. C'est à Thémison que ce texte est adressé, et pourtant l'appel porte au-delà de sa seule personne et vise bien toute l'humanité en général. Cela est d'ailleurs si vrai que, ironie de l'histoire, c'est grâce à ce seul témoignage aristotélicien que nous savons que Thémison a existé. Sa personne individuelle n'existe plus désormais que comme l'éternelle réceptrice de cette invitation aristotélicienne à changer sa vie.

2. *Un seuil*

D'autre part, le protreptique est, comme nous l'avons dit, un seuil. Il possède donc une nature double, sa définition doit rendre compte d'une ambivalence. Un seuil regarde des deux côtés de la limite, il n'est ni à l'extérieur ni à l'intérieur, il est justement cette position de limite qui rend possible la séparation des espaces ; il est l'unité déjà donnée à partir de laquelle une séparation devient possible et pensable. Il rend possible l'harmonie contradictoire du dedans et du dehors. Le seuil d'un temple n'est ni sacré ni profane, il est la frontière à partir de laquelle il y a quelque chose de tel qu'un espace sacré et un espace profane. Philosophiquement, cela signifie que par nature, un protreptique regarde simultanément dans deux directions. D'un côté, il est tenu de faire droit à la réalité du monde dans sa détermination non philosophique (la réflexion sur la vie opulente au début de la lettre d'Aristote en témoigne) et, d'un autre côté, il doit faire de cette réalité même le tremplin vers un autre genre de vie (la fin de la lettre est une méditation sur le surpassement excellent de l'existence humaine dans la sagesse ; le sage est lui-même la « règle incarnée », la règle vivante qui nous permet de trouver le bonheur, 6). Le protreptique a donc pour ambition de rendre possible un passage, un franchissement, un voyage. Ce qui est franchi, c'est le seuil de la philosophie. Le lieu qui est découvert par ce franchissement n'est pas un lieu inconnu comme une nouvelle terre qu'approche le navigateur ou une nouvelle planète qui apparaît à l'astronome, ce qui est découvert est essentiellement redécouvert, c'est la vie elle-même sous la lumière des principes de l'esprit. Si l'on file la métaphore du seuil, il faut donc être attentif à ceci : le protreptique d'Aristote n'est pas une porte qui mène ailleurs, c'est une porte qui ramène exactement à l'endroit où l'on se trouve déjà, mais débarrassé alors des considérations contingentes et des illusions au sens large. La conversion à la philosophie se constitue donc à la fois comme retour à l'origine et renaissance, *à* et *en* cette origine. Le protreptique est un seuil qui permet le retour à ce que l'existence a d'originellement vrai et bon. Ce qu'affirme Aristote tout du long, c'est que l'entrée en philosophie permet de renaître à l'existence en la saisissant selon ses déterminations fondamentales. Se convertir à cette ascèse, c'est donc effectivement se retourner (c'est là le sens étymologique de la conversion) au triple sens de retourner à ce qui est vraiment initial (le principe — soit Dieu), de faire retour à sa propre intériorité (se retrouver — soi-même), et d'initier par là un nouveau type d'existence (renaître — pour les autres). Se convertir, c'est revenir à l'essentiel, se retrouver et renaître. Celui qui se convertit retourne à l'origine, il contemple la raison d'être de tout, et fait retour en son intériorité subjective propre, il se saisit comme être de raison. Littéralement, comme le dit la belle expression, celui qui se convertit à la philosophie se « ressource » : il retourne à la source, et se purifie pour redevenir en lui-même une source saine d'émotions, de pensées, d'actions bonnes pour autrui.

L'appel lancé par Aristote est donc, il faut y insister, un appel à re-venir, à re-trouver, à re-commencer l'effort de la pensée, pour que la vie elle-même puisse se ré-initialiser en ce qu'elle a d'essentiel. Le chemin philosophique qui a été déterminé précédemment n'est donc pas un chemin vers l'au-delà du monde, vers un dieu qui serait en principe inaccessible dans cette vie, c'est un chemin qui ramène au cœur du monde, en son centre, en son intérieur, c'est-à-dire en ce que les Grecs nommèrent le « principe » : *archè.* Ce principe qui est comme l'intérieur du *cosmos*, son essence, entre dans une correspondance mystérieuse avec un certain être donné dans le monde, l'homme. Car c'est en son âme — *psyché* — que le principe — *archè* — peut trouver son image exacte, son reflet fidèle. La thèse, tant de Platon que d'Aristote (dans ce texte du moins), c'est que c'est uniquement dans une tentative de conformation au principe que l'âme peut parvenir à la plénitude de son être, à l'excellence de sa forme et qu'ainsi l'individu, ayant franchi le seuil philosophique qui le sépare du vrai et du bien, trouvera le bonheur. Ce franchissement est partout et tout le temps possible, aucune puissance ne le peut empêcher ; la vérité est l'universel, nécessaire, objectif, et comme telle, la pensée y a toujours accès. Remarquables paroles d'Aristote qui soulignent d'une manière élémentaire cette spécificité du rapport entre pensée et vérité : « Car, pour y œuvrer, on n'a nul besoin d'instruments ou de lieux [particuliers], mais, en quelque endroit du monde habité où l'on fixe la pensée, de partout on atteint identiquement la vérité comme si elle y était présente » (9). Renaître à la présence par la méditation du vrai ne demande ni stylobille, ni feuille de papier, ni bureau, ni livre, ni beau temps, ni palais, ni forêt... Seul importe la disponibilité subjective individuelle qui tâche de s'approprier l'objectivité universelle.

Bien entendu, et ce point est capital, cette renaissance et ce recommencement ne sont pas comme un remède que l'on prendrait une fois pour toutes et qui nous guérirait instantanément de l'imperfection et de l'indétermination. La philosophie n'est ni une purge ni un miracle, elle est un soin et une ascèse, la possibilité toujours offerte de se redécouvrir comme être pensant et de faire l'épreuve historique de l'exceptionnalité de la pensée. Si la conversion philosophique que veut rendre possible l'*Invitation* a quelque chose de radical et d'instantané, de soudain et d'intempestif, il n'en reste pas moins que, comme il a été précisé, c'est sur un chemin que l'on s'aventure. La philosophie comme remède est surtout une thérapeutique. Elle s'inscrit dans la durée, dans l'effort et dans le travail infini de détermination des concepts. Cet infini n'est pas le mauvais infini de l'indétermination (*apeiron*), soit l'indéfini, ce qui ne trouve jamais sa limite exacte, c'est au contraire le bon infini de ce qui se réapproprie sans fin sa propre limite ; l'infini actuel qui, ne s'opposant pas au fini, l'intègre en lui. Le chemin philosophique que dévoile Aristote n'est pas indéterminé par manque de précision, il est infini par trop-plein de détermination. Celui qui cherche le bonheur dans la voie qui a été découverte par le protreptique n'est pas livré à une errance sans but, il ne connaît au contraire que trop bien le but, le principe, l'excellence de l'homme. Son effort, par une ascèse quotidiennement renouvelée, doit précisément consister à se réapproprier ce but en pensant et en agissant en conformité avec lui. L'*Invitation à la philosophie* veut être cet aiguillon, cette impulsion qui permet de « faire le pas », le pas décisif, celui qui change une vie.

3.

Influences de l'*Invitation*

Indiquons quelle a été la portée historique du texte d'Aristote et tâchons de préciser quelle a été la postérité du genre protreptique lui-même. En fait, si l'on prend le texte d'Aristote pour point de départ, on voit qu'à partir de lui se développent des ramifications qui vont dans plusieurs directions divergentes — philosophique, religieuse, poétique, spirituelle —, mais qui partagent toutes une substance commune. Nous parlerons des trois plus importantes.

1. *Les invitations à la vie philosophique*

Premièrement, la branche qui est en continuité directe, c'est-à-dire la branche proprement philosophique. Il ne fait aucun doute que, comme nous l'avons dit, cette lettre du philosophe était bien connue des sages de l'Antiquité grecque, et qu'elle influença directement les écoles épicurienne et stoïcienne. En effet, dans sa *Lettre à Ménécée,* Épicure, le philosophe du Jardin, exhorte son interlocuteur à faire le choix de vie philosophique et reprend trait pour trait la manière de procéder d'Aristote, voire certains de ses arguments. Notons les plus frappants : l'urgence qu'il y a à se prendre en main du fait de la précarité de l'existence (« que personne parce qu'il est jeune, ne tarde à philosopher... »), le caractère universellement possible de l'exercice rationnel (quelles que soient les circonstances, il faut s'atteler à la tâche), la discipline philosophique comme unique voie permettant de parvenir au bonheur, etc. De même, plus tard, au IIe siècle après Jésus-Christ, l'empereur Marc Aurèle, éminent représentant du stoïcisme, reprendra cette formule exhortative dans ses *Pensées,* en s'enjoignant lui-même de se rendre digne des exigences de ce qu'il nomme l'*hegemonikon,* soit le principe directeur de l'esprit de l'homme qui le fait participer à l'esprit universel. Cicéron et plus tard Jamblique (mort en 330), grâce auquel nous connaissons le texte d'Aristote, sont aussi deux exemples de la pérennité de ce genre.

2. *Les invitations à la vie religieuse*

Deuxièmement, la branche religieuse. À ce sujet, notons que le genre protreptique, qui est fondamentalement païen (c'est-à-dire grec), a été instrumentalisé par les Pères de l'Église dans les cinq premiers siècles de notre ère. L'on saisit aisément le sens d'une telle instrumentalisation : utiliser les ressorts rhétoriques de la philosophie, sa force logique persuasive pour inviter les peuples à se convertir, non pas à l'exigence de la rationalité, mais aux exigences de la foi en la révélation du Christ. La fin recherchée est la même : être sauvé, être heureux ; les arguments sont du même type : il n'est jamais trop tard pour être baptisé, sans la foi, point de salut, etc. Ce qui diffère c'est la hiérarchie qu'on établit entre foi et raison, entre croyance en la révélation et discipline spéculative, entre ce que les Pères de l'Église comme saint Augustin et saint Jérôme appellent la « raison naturelle » ou « la sagesse du monde », c'est-à-dire la philosophie, et la foi pieuse en le *credo.* S'il y a des textes de saint Augustin qui s'apparentent dans leur forme de façon très nette aux protreptiques des philosophes, disons simplement qu'ils en diffèrent par l'idéal qui est à l'œuvre en eux : un idéal où la raison philosophique n'est jamais suffisante en soi, jamais autonome, mais doit toujours être subordonnée aux dogmes révélés par les Saintes Écritures et par le Christ. Il paraît important d'insister sur ce point, même rapidement, car c'est le christianisme qui pendant des siècles s'est approprié la rhétorique de l'exhortation à changer de vie et de la conversion. En Occident, il s'est arrogé de fait jusqu'au XVIIe siècle le monopole du salut : « Je suis la porte et celui qui passera par moi sera sauvé » (Évangile de saint Jean, 10, 9). Aussi, le texte que les historiens qualifient volontiers de « best seller » du Moyen Âge, à savoir, l'*Imitation de Jésus-Christ* de Thomas a Kempis (début du XVe siècle), n'est-il en son fond rien d'autre qu'un « protreptique chrétien », une invitation à marcher dans les pas du Sauveur, à se convertir aux impératifs de la foi et à se soumettre aux exigences de l'Église. Pour preuve le titre du quatrième livre de ce texte : *Dévote exhortation à la sainte communion.* L'on voit donc que, si en termes de contenu on est bien loin de la philosophie comme telle, on en est toutefois très proche par la forme de discours adoptée.

3. *La vie poétique*

Mais l'influence du genre protreptique ne s'arrête pas là, et sa substance continue encore de travailler de nos jours là où l'on s'y attend moins. Car lorsque Rainer Maria Rilke (1875-1926), dans ses *Lettres à un jeune poète,* invite son interlocuteur à se livrer corps et âme aux exigences de la vie de poète, à ne pas avoir peur d'assumer un engagement éthique de tous les instants, que fait-il d'autre sinon exhorter son ami à changer sa vie en la soumettant dans son cours aux impératifs liés à une valeur conçue comme supérieure, la beauté ? Lorsque Jean-Paul Sartre (1905-1980) écrit *L'existentialisme est un humanisme*, que fait-il d'autre sinon exhorter son lecteur à prendre acte de sa condition d'homme « condamné à être libre » et à en tirer les conséquences pratiques, quotidiennement ?

Autrement dit, dès lors qu'il est question dans la vie des hommes de la nécessité d'un engagement éthique, comportemental, lié à une spiritualité, à un dogme, à une thèse, à un système, il se trouve nécessairement des textes qui tâchent de promouvoir cet engagement et de lui donner tribune afin qu'il convainque le plus grand nombre. Ce que ces brèves remarques voudraient manifester, c'est donc que l'influence historique générale du protreptique est immense, bien que comme tel il soit un genre extrêmement localisé dans l'espace et le temps, à savoir la Grèce intellectuelle du IVe siècle avant J.-C.

La figure du philosophe

ARISTOTE, POUR TOUTE la tradition de commentaire philosophique, est « le » philosophe. Dans bon nombre de textes médiévaux et modernes, les auteurs ne prennent même pas la peine de mentionner le nom « Aristote » comme tel lorsqu'ils le citent, tant il est évident que si l'on dit « le » philosophe, on veut dire cet individu né à Stagire en 384 avant J.-C. et qui a donné à la quête philosophique son horizon propre : celle du vrai, du bien, et du beau.

Nul autre plus qu'Aristote n'incarne historiquement la philosophie elle-même. Au risque de l'évidence il faut affirmer que son influence sur le développement des sciences est incalculable. Il n'est pas complètement abusif de dire que jusqu'au XVIe siècle l'ensemble du savoir occidental est aristotélicien. La physique reprend et approfondit ses spéculations sur le mouvement et le temps, la théologie à partir de saint Thomas d'Aquin (1225-1274) s'est approprié ses catégories métaphysiques pour les mettre au service du savoir ecclésiastique, la logique syllogistique est purement et simplement la sienne, elle n'a pas évolué. On ne peut guère imaginer une telle force de détermination historique. Avec le temps la pensée d'Aristote s'est avérée comme élémentaire, au sens d'un cours élémentaire : là où l'on apprend à lire, à écrire et à compter. La science occidentale a appris à lire, à écrire et à compter à l'école d'Aristote, le Lycée. Et c'est d'ailleurs la raison pour laquelle c'est bien toujours au lycée que les étudiants français contemporains sont tenus de se rendre pour achever leur formation générale. Ils sont eux aussi mis en demeure de répondre à l'appel d'Aristote, mis en demeure d'apprendre à discipliner leur jugement à ses côtés. Car cette discipline critique de la pensée est l'ambition première de la classe de philosophie en terminale, fidèle en cela à l'idéal de libération de l'individu par le savoir prôné par Aristote, et dont l'*Invitation à la philosophie* constitue un vivant témoignage.

1.

Aristote, une « âme bien née »

Aristote est né dans une famille noble en 384 avant J.-C. à Stagire (aujourd'hui Stavros) dans le royaume de Macédoine, sur les bords de la mer Égée. Il est le fils de Nicomaque, célèbre médecin, et de Phaétis, issue d'une grande famille de Chalcis. La Macédoine, à l'époque, ne fait pas partie de la Grèce, sa population s'est constituée à partir de multiples échanges entre les peuples thrace, hellène et les Illyriens. Notons d'ailleurs que, contrairement à une idée reçue, la philosophie n'est pas née en Grèce propre (Athènes, le Péloponnèse), mais autour de la Grèce, notamment en Ionie avec Héraclite d'Éphèse (actuelle Turquie), en Italie avec Parménide, et aussi donc, en Macédoine avec Aristote. Cette région est alors une puissance politique et militaire émergente qui, avec Philippe de Macédoine et surtout Alexandre le Grand, va progressivement conquérir la Grèce puis une partie du bassin méditerranéen et de l'Asie Mineure, mettant un terme à l'autonomie des Cités grecques archaïques.

Vers 366, à l'âge de dix-huit ans, Aristote vient étudier à Athènes où il suit les cours d'Isocrate, maître réputé de rhétorique. La Cité que le jeune homme découvre alors, même si elle reste un centre intellectuel et scientifique influent, est en plein déclin. Elle a perdu contre Sparte trente-huit ans auparavant la guerre du Péloponnèse et son vaste empire maritime se trouve démembré. Athènes n'est alors plus en mesure de garantir son ravitaillement en matières premières et précieuses. Ce point est important car il contribue à expliquer pourquoi le thème de l'autarcie a été si important par la suite dans la pensée politique d'Aristote. Ce qu'il observe durant cette période, c'est en effet une Cité qui vit dans le besoin, le manque, la dépendance, bref, l'aliénation. Une Cité fragilisée du fait de son insuffisance économique et commerciale.

Toujours est-il qu'il s'y est rendu pour parfaire son éducation de jeune homme bien né, et que c'est là qu'au contact de Platon il se découvrit vocation à philosopher.

2.

Aristote le métèque

Avant d'en venir à la rencontre avec Platon, rappelons un élément important qui concerne le rapport entre Aristote et la légendaire Cité de l'Attique. Athènes n'a jamais admis Aristote autrement que comme un visiteur, un invité, un être de passage. « Provincial », venu de la Macédoine à la fois méprisée et redoutée (car c'était une puissance militaire émergente), il est, semble-t-il, peu gracieux et mauvais orateur, choses qui ne contribuent pas à lui faciliter la vie (Diogène Laërce rapporte même qu'il avait tendance à bégayer). Son existence sociale paraît avoir été assez difficile. Sans compter que, statutairement, et le point est d'importance, Aristote était ce que les Athéniens appelaient un « métèque », c'est-à-dire un homme certes libre, mais qui ne jouit de quasiment aucun droit politique. Bien qu'en partie intégré à la Cité, le métèque n'avait pas les droits du citoyen. Il ne pouvait pas participer à l'élaboration des lois, ni non plus accéder à la propriété de biens immobiliers ; en justice, son témoignage avait moins de valeur que celui d'un citoyen, et si un citoyen tuait un métèque, on considérait l'homicide comme involontaire... Les enfants issus de couples mixtes entre un métèque et une citoyenne n'avaient pas de droits politiques. Ils devaient payer un impôt particulier (*metoikon*) et étaient soumis aux obligations militaires (comme hoplites, c'est-à-dire comme fantassins). En échange, ils étaient protégés par la Cité et étaient officiellement mentionnés dans les prières publiques. Bref, sans être un esclave à proprement parler, le métèque, du fait de cet ensemble de servitudes, était une sorte de « sous-citoyen ».

Comme l'attestent plusieurs passages de son œuvre, Aristote a très mal vécu d'en être réduit à l'injustice de ce statut humiliant. Au moment de partir pour Chalcis, il écrit à son ami Antipater : « Les mêmes choses ne valent pas, dans la Cité des Athéniens, pour le citoyen et l'étranger, il est pénible de vivre à Athènes. » Il est étonnant de constater qu'un environnement social en réalité si hostile ait pu retenir le jeune homme aussi longtemps. À cela, il y a une raison très simple : Platon.

3.

Aristote le disciple

Pendant quinze ans environ, Aristote fut le disciple de Platon. La tradition de commentaire philosophique oppose communément Aristote à Platon comme deux adversaires irréconciliables et l'on cite volontiers cette formule du philosophe : « je suis ami de Platon, mais de la vérité avant tout ». Ce qu'il est intéressant de noter, c'est que cette adversité doctrinale a pour fond la plus grande des communautés, que le désaccord n'a pu avoir lieu qu'à partir d'une intime proximité. Et pour cause, abandonnant l'enseignement d'Isocrate, Aristote se rendit à l'Académie où, pendant quinze ans environ, il fut l'élève de Platon. C'est dire si l'influence de ce dernier a été déterminante pour la pensée du Stagirite. S'imagine-t-on un instant ce que peut impliquer de passer plus d'une décennie à suivre le même enseignement, prodigué par un seul homme ? Une telle persévérance et sans doute aussi une telle fascination doivent nous arrêter. Qu'a donc appris Aristote à l'Académie ?

Aristote trouve à l'Académie de Platon une source presque intarissable de connaissances en sciences naturelles, en mathématiques, en histoire, en morale, etc. Il trouve aussi et surtout une exigence critique de questionnement, une méthode rigoureuse pour discipliner son jugement sur ce qui est, exigence et méthode qui firent la postérité de la philosophie elle-même. Il se distingue bientôt en logique et surpasse rapidement son maître dans cette discipline ; sa puissance d'acquisition paraît alors prodigieuse. Platon en vient même à lui donner la charge de l'enseignement de la rhétorique, un cours de culture générale et de composition littéraire, propédeutique indispensable aux jeunes élèves de l'Académie pour pouvoir suivre les cours magistraux. Parmi ses étudiants, Aristote compte le jeune Théophraste, qui deviendra plus tard le premier botaniste de l'Antiquité. À cette époque, le philosophe entame la rédaction de nombreux écrits comme les dialogues *Sur la justice, Sur l'éducation, Sur l'amitié.* Il entreprend également d'importants travaux scientifiques qui mèneront à la rédaction de traités et de cours. Parmi eux figurent les traités *Du ciel, De la génération et de la corruption* et le livre IV des *Météorologiques.*

4.

Aristote et les puissants

À la mort de Platon en 347, la direction générale de l'Académie est confiée à Speusippe, le neveu de ce dernier. Aristote en a semble-t-il conçu une grande amertume, car il était, de l'avis de la majorité, le meilleur des élèves du maître, celui qui, légitimement, aurait pu et dû assumer une telle charge. On sait d'autre part qu'il n'estimait pas spécialement Speusippe.

Suite à cette déconvenue, Aristote quitte Athènes pour se rendre en Asie Mineure, où il va rejoindre son ami et ancien condisciple de l'Académie, Hermias. Hermias était entre-temps devenu roi d'Atarnée et d'Assos. Là-bas, Aristote s'emploie à mettre ses compétences philosophiques au service du pouvoir politique en devenant un conseiller officiel. Il fut très intimement lié à ce roi, si bien qu'à sa mort il lui érigea une statue à Delphes et composa à sa mémoire un *Hymne à la vertu* (cet hymne sera d'ailleurs plus tard le prétexte à son accusation d'impiété, lancée par ses détracteurs athéniens). Durant cette période passée à Assos, Aristote ne se contente pas de ses charges proprement politiques mais il entreprend aussi des recherches biologiques et zoologiques. Sa volonté « encyclopédique », l'idéal d'un savoir général qui ramasserait en lui toutes les connaissances particulières, semble débuter là. Il épouse aussi Pythias qui était la nièce ou la fille adoptive d'Hermias. Cette période s'achève tragiquement par l'enlèvement, la séquestration et l'assassinat d'Hermias, décidés par le tyran Antaxerxès, roi de Perse de 358 à 338. Aristote se réfugie alors à Mytilène puis à Lesbos où il passera cinq années consacrées en grande partie à l'étude de la biologie. C'est à cette époque qu'il entame la rédaction du célèbre recueil *Histoire des animaux.*

Puis vers 342, événement capital, il est rappelé en Macédoine par Philippe qui lui confie l'éducation de son fils Alexandre, soit le futur Alexandre le Grand qui est alors âgé de treize ans. Le philosophe lui prodigue pendant trois ans l'enseignement qui convient à un homme de valeur grec : étude de l'*Iliade* et de l'*Odyssée,* étude de l'art rhétorique, connaissance des us et coutumes des pays étrangers, etc. À la fin de ce préceptorat, Aristote reconstruit sa ville natale, Stagire, détruite par les Macédoniens et lui donne une constitution.

Nous ne savons malheureusement pas grand-chose des rapports qui unirent le chef de guerre au philosophe, mais une chose est sûre, c'est qu'en 336 Aristote se désolidarise définitivement du pouvoir macédonien. L'année même de l'avènement au pouvoir de son ancien élève Alexandre, il quitte encore une fois sa patrie, pour revenir à Athènes. Son épouse entre-temps était morte, et Aristote s'était remarié avec Herpillys avec laquelle il eut un fils, Nicomaque. Le père d'Aristote s'appelait lui aussi Nicomaque, ce qui fait que l'on ne sait pas à qui était dédiée la fameuse *Éthique à Nicomaque* du philosophe.

5.

Aristote et le Lycée : le savoir vivant

En 335, Aristote est donc de retour à Athènes où il fonde sa propre école, le Lycée (du nom du temple d'Apollon Lykeios, le loup). En tant que métèque, il eût été tout à fait impossible pour lui qu'il posât les bases d'une nouvelle institution à Athènes. C'est grâce à son ami Xénocrate, qui est statutairement le vrai fondateur, qu'il put ouvrir ce nouveau lieu d'étude, concurrent direct de l'Académie qui l'avait renié dix ans auparavant. Il se consacre dès lors entièrement à l'enseignement et à la recherche.

Ce sont les textes rédigés durant cette période qui nous sont principalement parvenus. Notons pour information que l'on partage classiquement ce corpus aristotélicien en quatre parties. Premièrement les textes de logique qui forment ce que l'on appelle l'*Organon*. Le terme (qui n'est pas employé par Aristote lui-même) signifie l'« instrument » et permet d'indiquer que la logique n'est pas à proprement parler une partie substantielle du savoir, mais plutôt le moyen efficace de son élaboration, l'outil de précision qui permet de le développer, de mettre en forme et d'ordonner les sciences particulières (biologie, physique).

Cet ensemble de textes consacrés à la logique comprend les *Catégories*, le traité *De l'interprétation*, les *Analytiques* (textes de la plus haute importance car s'y trouve la théorie de la démonstration syllogistique, c'est-à-dire du raisonnement vrai), les *Topiques* et les *Réfutations sophistiques.* Deuxièmement, l'ensemble des textes qui concernent la physique et qui étudient les êtres naturels et leur devenir, *Physique, De la génération et de la corruption, Histoire des animaux*, le traité *De l'âme*, etc. Troisièmement, les textes « pratiques », c'est-à-dire qui concernent la morale, la discipline de l'action, tant individuelle que collective : la *Politique*, l'*Éthique à Eudème*, l'*Éthique à Nicomaque*, la *Constitution d'Athènes.* Et enfin, les textes les plus mystérieux et difficiles, que l'on dit de « métaphysique », c'est-à-dire qui concernent la pensée des premiers principes et des causes ultimes, l'élaboration de la science absolue, la *proté philosophia,* soit la « philosophie première ». Première en dignité, c'est la science la plus éminente car c'est en elle que s'enracinent les autres sciences particulières, et première par son objet, car elle pense le divin, autrement dit le principe originel de toute présence possible. Il faut préciser que le terme même de « métaphysique » n'a été forgé que bien plus tard par un éditeur d'Aristote, Andronikos de Rhodes, et qu'il voulait simplement dire, « les textes qui viennent après ceux de la physique ».

Ce qu'il faut bien comprendre, c'est que ces textes qui nous sont parvenus et que l'on regroupe désormais sous ces quatre rubriques semblent avoir été des notes de cours, soit d'Aristote lui-même pour mener ses conférences, soit de certains de ses étudiants. Cela contribue à expliquer leur relative sécheresse, leur aspect parfois très schématique ou fragmentaire, et surtout leur profonde difficulté. Mais plus important est sans doute le fait que cela signale qu'Aristote attachait plus de valeur à la parole vivante d'un professeur qui pense en acte, devant son auditoire, qu'à la rédaction de traités ou de thèses qui font toujours courir le risque de « figer » la pensée, de la stériliser en lui ôtant son dynamisme dialogique (risque déjà relevé par Platon, dans le mythe de Theuth du *Phèdre*, 274 d). Le Lycée, pour ce que nous en savons, a donc été un fécond lieu de dialogue, de recherche, de compilation encyclopédique et d'élaboration toujours renouvelée des savoirs, tant théoriques que pratiques.

6.

Aristote pourchassé

Mais la mort de l'ancien élève d'Aristote, Alexandre le Grand, va bientôt mettre fin à cette période de travail intensif amorcée quinze auparavant. Sa disparition exacerbe en effet les sentiments xénophobes anti-macédoniens et pousse les Athéniens à la révolte. Pour cette raison, dans les années 320, Aristote se voit accusé d'impiété par le parti anti-macédonien d'Athènes, comme Socrate et Anaxagore avant lui. C'était là un procédé tout à fait classique dans l'Antiquité qui, le plus souvent, servait à masquer des griefs politiques. Aristote, qui n'approuvait pourtant pas les actes de son ancien élève, fut forcé de quitter Athènes avec sa famille en 323 avant J.-C. Il se réfugia finalement à Chalcis sur l'île d'Eubée, dans la maison maternelle. Malade, sa fin était proche. Il rédigea alors son testament qui fit de Théophraste, le biologiste, son successeur à la tête du Lycée. Aristote mourut en 322 avant J.-C., à l'âge de soixante-deux ans.

Trois questions posées au texte

1.

Quel est le contenu philosophique d'une invitation à la philosophie ?

Si l'*Invitation* n'est qu'une exhortation à la philosophie, se pose la question de son contenu philosophique propre. N'en reste-t-on pas au seul niveau des bonnes intentions, du programme stérile ? Quelle peut être la « matière » philosophique d'une simple invitation à la philosophie ? Si je vous invite à danser, c'est que nous ne dansons pas encore ; et si nous dansons, c'est que je ne vous invite plus. Quel peut alors être le contenu substantiel de cette invitation à philosopher ? Pour le comprendre, il est intéressant de faire référence à un dialogue rédigé par le maître d'Aristote, Platon, où cette question se voit très précisément posée. Cette référence s'avère d'autant plus pertinente que l'*Invitation* d'Aristote est nourrie du vocabulaire et de l'esprit de Platon.

1. *Le problème de Clitophon*

Clitophon s'adresse à Socrate dans le *Clitophon* (408 d) et lui dit, à propos de la justice et de la vertu : « En quel sens pouvons-nous bien prendre cette exhortation à la vertu qui nous vient de Socrate ? Comme si ce n'était rien d'autre que cela et qu'il ne fût pas possible de poursuivre l'affaire plus avant et de la saisir en perfection ? Ce sera-t-il au contraire, et tout au long de notre vie, notre tâche, d'exhorter ceux qui n'ont pas encore été exhortés, et ceux-là, d'en exhorter d'autres à leur tour ? Ou bien devons-nous après cela questionner Socrate, et nous questionner les uns les autres, sur ce qui en sera le résultat, une fois que nous serons tombés d'accord que c'est là pour l'homme ce qu'il y a essentiellement lieu de faire ? Comment, selon nos déclarations, faut-il commencer à nous instruire relativement à la justice ? » Clitophon poursuit et finit par dire à Socrate : « [...] *Si tu excelles à chanter la gloire de la justice, c'est parce que tu n'en sais pas davantage sur le compte de cette justice* » (nous soulignons). Bref, tu sais exhorter, Socrate, mais tu ne sais rien faire d'autre. De même en 410 e : « [...] Pour l'homme qui n'a point reçu d'exhortation préalable, j'affirmerai, Socrate, que tu mérites de sa part une estime sans réserve ; mais, pour celui qui a reçu cette exhortation préalable, peu s'en faut que tu ne sois même un obstacle à ce que celui qui marche vers le terme de la vertu obtienne la réalisation de son bonheur. »

La critique que Clitophon adresse à Socrate et qu'en principe on pourrait aussi adresser à Aristote est la suivante : une exhortation à la justice telle que celle formulée par Socrate ou une exhortation à la philosophie telle que celle de l'*Invitation* d'Aristote n'est pas sans force persuasive (*epideixis*), ni même sans vertu intrinsèque (obliger à se tourner vers l'essentiel), mais elle est fondamentalement sans contenu : une fois que l'on a dit qu'il fallait être vertueux (point sur lequel tout le monde finira par être d'accord, note d'ailleurs Clitophon avec ironie), on n'a rien dit de substantiel, et c'est précisément là que les problèmes conceptuels commencent. Pour les uns, note Clitophon, la justice sera l'« avantageux », pour les autres l'« obligatoire », pour les autres, l'« utile », le « profitable », etc. Donc, la vertu d'une exhortation à la philosophie est réelle au sens où elle dévoile l'horizon authentique de l'existence, mais son contenu se réduit à rien, ou quasiment rien, c'est-à-dire à des positions de principe issues de bonnes intentions. Des positions de principe sur lesquelles tout le monde tombe d'accord tout simplement parce qu'elles sont vides. Bref, Clitophon nous dit : inviter à danser, c'est bien, mais bien danser, c'est mieux. Cette objection est exactement celle qui sera reprise par Hans Georg Gadamer (1900-2002) : un protreptique ne se hisse pas à la hauteur du concept car il ne fait que rendre possible d'y pénétrer.

2. *La philosophie est un dialogue infini*

Il nous faut faire droit à cette objection de Clitophon et tâcher d'en rendre raison. Disons d'emblée que la faiblesse de sa position tient en ce qu'il semble attendre de la philosophie une recette, un prêt-à-penser, un ensemble de méthodes qui permettrait à coup sûr d'exercer la justice et de devenir heureux. Or, s'il est vrai que c'est bien vers cette fin que tendent l'ambition philosophique et l'ambition humaine tout court (le bonheur), il demeure que le discours conceptuel se constitue nécessairement comme détour par l'argumentation, examen de la force des raisons (penser, c'est étymologiquement « peser » les arguments), cheminement lent et patient au travers de définitions contradictoires ou seulement contraires, entre lesquelles, donc, il n'est pas toujours possible de trancher. Ce que ne saisit pas Clitophon, qui voudrait que la philosophie soit comme un remède que l'on avalerait une fois pour toutes, c'est que ce qui compte dans l'exigence philosophique, c'est qu'elle est une voie, un chemin, une histoire, et que la fin, de ce chemin ou de cette histoire, n'est pas ce qui vient en dernier, n'est pas ce qui vient le borner de l'extérieur, comme si l'on arrivait finalement au faîte d'une hauteur. Non, la fin est toujours présente, dès le commencement. Il n'y aura pas de coup de théâtre au terme de l'*Invitation*. La fin de la philosophie n'est pas un terme qui vient clore définitivement la suite, la fin (au sens du but à atteindre), c'est la suite elle-même, cet engagement patient et difficile dans l'ordre des raisons, cette épreuve d'un devenir de la pensée qui reste toujours dans l'anticipation de principes éternels, ce calvaire du concept qui ne libère pas du malheur en en faisant sortir comme par magie, mais qui libère de la peine en permettant d'en mesurer et d'en comprendre les raisons exactes. En ce sens, il est injuste de reprocher à Socrate de ne pas fournir de réponse univoque à la question de savoir ce qu'est réellement la justice, puisque son propos consiste justement à montrer, en acte, de façon performative, que l'on ne fait honneur à l'existence humaine qu'en passant par l'épreuve du doute et de l'errance quant à la vérité des choses, et que cette errance en « terre étrangère » est tout sauf un désarroi et un malheur : c'est l'acceptation décidée et volontaire que la pensée humaine est un entretien infini, c'est-à-dire qui, sans fin (au sens de « terme »), s'approprie la complexité du réel grâce à la force ordonnatrice de la raison.

3. *Le contenu, c'est la forme*

En ce sens, lorsque dans son *Invitation* Aristote exhorte le destinataire (Thémison) à suivre la voie philosophique, effectivement, il ne lui donne aucun remède qui aurait des vertus immédiates, un effet tout de suite visible, comme une pilule qu'on avalerait d'un coup et qui guérirait du mal. Ce qu'il lui ouvre, c'est la voie d'une thérapie de l'âme, autrement dit, la voie d'un redressement progressif du jugement sur les choses qui permet de se transformer soi-même. Si l'on file la métaphore de la danse proposée au début de ce développement, on dira alors qu'Aristote ne fait pas qu'inviter à danser en envoyant un carton d'invitation, il invite à danser… parce qu'il danse lui-même. Il exhorte à la philosophie en philosophant, la recommandation est ici simultanément la mise en pratique immédiate de l'objet recommandé, l'ordonnance est elle-même le remède. Le parcours conceptuel de l'*Invitation* en témoigne : une réflexion sur la hiérarchie des biens, sur la nature, sur la fin excellente de l'homme... Un parcours qui trace d'emblée un chemin que n'importe qui de disponible et d'intéressé peut suivre. Clitophon voudrait une potion magique et Socrate ne lui offre qu'une thérapie. Clitophon voudrait une église et Socrate ne lui offre qu'un pèlerinage. Il en va de même avec ce texte d'Aristote : si l'on déplore le manque de détermination ou de précision de ce qu'il appelle « sagesse », ou « contemplation du principe », c'est que l'on a manqué ce qu'il faut bien appeler l'essentiel, le mouvement même de la pensée qui se met en quête du bonheur et du principe, et qui est en lui-même, comme mouvement, la réponse à la question : qu'est-ce qu'être heureux ?

L'*Invitation* a donc comme telle, il faut y insister, une valeur performative : elle met en œuvre ce dont elle traite de manière immédiate. Elle ne recommande pas quelque chose qui lui serait extérieur, elle se recommande elle-même comme matière de la recommandation. En ce sens, son contenu n'est effectivement pas réductible à un ensemble de thèses parfaitement liées dans un système de pensée clos sur lui-même. La thèse de l'*Invitation* ne tient pas dans une simple proposition que l'on pourrait énoncer et dont on se débarrasserait aussitôt prononcée, une thèse du genre : le bonheur, c'est la sagesse. Il est vrai que cela est dit comme tel. Mais ce qui compte, c'est l'activité réflexive par laquelle, justement, quelqu'un comme Aristote argumente pour rendre raison d'un tel énoncé. On peut même tirer de cette considération un principe à valeur générale : une philosophie qui ne serait pas, en même temps qu'un système logiquement conçu de propositions, une invitation à changer sa vie et à transformer son regard a, dès le départ, manqué son but. Si la pensée ne peut libérer la vie de ses contradictions et de sa peine, elle n'a tout simplement aucune raison d'être. Dans cette mesure, le fait qu'il s'agisse ici d'une invitation à la philosophie ne doit pas nous leurrer, le *Protreptique* invite à la philosophie, comme la *Pietà* de Michel-Ange invite au recueillement.

2.

La vie n'est-elle qu'une malédiction ?

La vie n'est-elle, comme le laisse entendre la fin du texte, qu'un mal dont il faut se libérer ?

1. *La tradition pythagoricienne*

Il faut relever que la fin de la lettre (c'est-à-dire la péroraison finale) ainsi que d'autres passages ont une tonalité singulièrement pessimiste ou désenchantée. Se réappropriant un mythe pythagoricien, Aristote laisse en effet entendre que la vie humaine ne serait qu'une malédiction, que l'incarnation de l'âme dans le corps serait une incarcération, que notre existence serait comparable à celle d'un damné, prisonnier de la contingence du sensible et de la versatilité des apparences. Le corps lui-même est vu comme tombeau, l'incarnation comme mise en bière, la constitution physique comme un tissu d'horreurs (§ 12, l'exemple de Lyncée : il n'y a qu'à voir de quelles méchantes choses le corps est constitué). À plusieurs endroits du texte semble s'imposer un schéma où l'âme, bien qu'il soit affirmé d'autre part qu'elle commande au corps, paraît captive du corps, au double sens de « captivée » par les plaisirs des sens et de « tenue captive » par l'enveloppe qu'il constitue. Un schéma où l'intellect savant paraît sous le coup d'une malédiction sensible, pris en quelque sorte dans le traquenard de la matière afin d'expier une faute immémoriale. Une telle perspective implique deux choses : 1) que sur un plan métaphysique Aristote reste dans ce texte tributaire d'un dualisme platonicien corps/âme (qu'il faudrait nuancer), et 2) que sur un plan mythologique Aristote reste imprégné des croyances orphique et pythagoricienne de la Grèce ancienne (les religions à mystères), auxquelles il laisse une place de choix, la place conclusive.

2. *Un mal relatif et non pas absolu*

Sans entrer dans une discussion savante sur les fondements et la portée de ces références, il nous semble nécessaire de souligner quel sens elles prennent concrètement dans l'économie générale de l'*Invitation.* Nous pensons que ces références pythagoriciennes et ces considérations apparemment désenchantées ont essentiellement une fonction pédagogique et qu'elles visent à souligner l'urgence, la nécessité de la philosophie, et non pas à faire l'éloge d'un bien qui serait au-delà de la vie, ou purement et simplement hors la vie. Lorsque Aristote évoque avec une lucidité implacable le caractère dérisoire des biens humains tels que la renommée, la richesse ou les plaisirs sensibles, il vise moins à dévaluer l'existence humaine comme telle dans le fait de son incarnation et de sa socialité, qu'à magnifier le choix de vie selon la philosophie. N'oublions pas que la conversion à laquelle il appelle est avant tout une injonction à changer de style de vie. La portée du texte est immédiatement pratique. Autrement dit, cette méditation de la vanité de l'existence n'a pas un sens absolu, mais un sens relatif; elle tend à montrer, par différence et opposition, la valeur de l'existence philosophique sage.

Dire, comme au paragraphe 12, que « les honneurs et la gloire sont pleins d'une futilité indescriptible », c'est moins discréditer unilatéralement la vie publique dans une de ses dérives possibles que créditer par là même la vie philosophique de la plus saine des valeurs. Ce texte est un appel à la conversion de l'âme, une injonction à se décider sans plus attendre pour la voie de sagesse. Il y aurait donc ici, dans cette invocation des mythes, non pas un simple artifice rhétorique, mais la volonté de manifester à Thémison une alternative tranchée, radicale : il ne faut pas s'y tromper, en cette vie humaine, c'est soit la philosophie, soit rien, car le reste est dépourvu de sens et de valeur. Il est bien naturel que ce texte se refuse à penser des médiations entre la vie bonne et la damnation, entre la sagesse et la folie, puisque son but est de mettre en demeure l'interlocuteur de se décider, de faire le pas, de renoncer aux faux-semblants. Il y a là une dimension persuasive indéniable, un désir de faire plier la volonté du lecteur en lui mettant sous les yeux les incohérences d'une existence qui se refuse à la spéculation et à la pensée contemplative. On pourrait croire à première vue que cette radicalité masque une faiblesse du discours aristotélicien, une incapacité à penser le mélange, le compromis, la médiation, la nécessaire composition qui caractérise la vie humaine : composition entre des impératifs moraux rigides et des situations réelles qui sont toujours mouvantes, changeantes, incertaines. Composition encore entre des exigences intellectuelles de discipline rigoureuse et des situations concrètes dominées par le désir irraisonné. Ce reproche, qui n'est pas sans fondement, a souvent été fait par les commentateurs d'Aristote. Nous pensons toutefois qu'il faut dissocier deux plans : celui de l'appel à la conversion qui implique la radicalité de l'alternative (philosopher ou mourir), et le plan de la description de la vie de sagesse elle-même où les biens du corps et les richesses matérielles occupent la place qui leur revient de droit. Comme nous l'avons déjà noté, Aristote souligne que le sage est le seul à pouvoir vraiment jouir des biens extérieurs et de son incarnation, il ne nie donc pas la valeur de ceux-ci ; bien au contraire, ces biens ont, dans leur rang, leur nécessité, et, moyennant un usage correct par l'âme, leur vertu. Mais ils ne peuvent avoir de valeur que comme instruments de la sagesse, que s'ils sont subordonnés à elle. Autrement dit, si on ne fait pas le choix de la vie philosophique, honneurs, richesses et plaisirs ne pourront en eux-mêmes procurer aucun bonheur, et même mieux (ou pire), ils deviendront les signes d'une existence vaine, déchue de sa potentialité excellente (la pensée), les plaies d'un être désorienté, dépourvu de toute raison d'être car qui n'aura pas su reconnaître l'existence de la rationalité en lui et en tout, la raison d'être de lui et du tout. Il faut donc garder en tête que le propos d'Aristote, contrairement à l'apparence, est loin d'être unilatéral. D'un côté, l'existence physique et sociale de l'individu n'est, prise pour elle-même comme fin, qu'un mal, et d'un autre côté, comprise comme moyen pour la vie de sagesse, elle est un bien. Il n'y a pas dans ces développements d'Aristote un quelconque déni du corps, du plaisir charnel, et de la reconnaissance sociale, mais, une fois de plus répétée dans le texte, la considération que ces choses prises pour elles-mêmes sont mauvaises, alors que remises à leur place (correctement resituées dans la pyramide de l'être), elles sont bonnes.

3.

Qui est l'insensé ?

1. *Vice et caprice*

Du début à la fin du texte, Aristote se sert de l'exemple du « fou » ou de l'« insensé » pour montrer par différence la nature de la vie du sage (1 et 11 notamment). Il est très intéressant de remarquer que dans cette lettre la référence à la démence revienne aussi souvent et semble avoir une telle importance conceptuelle. C'est pourquoi il est nécessaire de s'y intéresser. Posons la simple question suivante : si la sagesse, comme vie en conformité avec la vérité, est bien l'objet principal de la quête philosophique, que faut-il alors penser de ce qu'Aristote pose comme étant son contraire, à savoir la folie ?

Notons d'abord qu'Aristote emploie deux métaphores pour caractériser la folie : l'enfance et l'ivresse. Ce sont les figures conjointes du caprice et du vice. L'enfance est en effet présente dès le premier paragraphe du texte dans l'adage « Pas de couteau entre les mains d'un enfant », qui permet d'appuyer la thèse suivant laquelle « [...] le manque d'éducation joint à de grands moyens engendre la folie ». Comme toute la suite du texte le précisera, la sagesse résulte de la conjonction d'une bonne éducation de l'âme et de moyens appropriés à son épanouissement, l'articulation d'une discipline du jugement et d'un contexte social favorable. Mais plus précisément, que nous apprend la comparaison du fou avec l'enfant et que cela implique-t-il par rapport au philosophe ? D'abord que, pour Aristote, la folie tient dans une disproportion, plus exactement trouve son origine dans un rapport disproportionné. Elle procède soit d'un déséquilibre entre des moyens et des fins, soit d'une confusion entre des moyens et des fins.

2. *Déséquilibre et confusion*

Premièrement le déséquilibre : vouloir attaquer une armée de mitraillettes avec un canif, voilà qui est insensé. Ici, ce qui fait défaut, c'est la saisie du rapport équilibré entre le moyen et la fin. Il y a une erreur d'appréciation qui fausse la portée de l'action que le sujet se propose. La délibération de l'âme produit un jugement incorrect. Dans le langage d'Aristote, cela signifierait par exemple croire que l'on va atteindre le bonheur en accumulant des richesses ; que les richesses sont à strictement parler le moyen indispensable et suffisant du bonheur. Il y aurait là folie, au sens du déséquilibre susnommé et dont les enfants sont en effet des témoignages vivants. Par exemple : « je vais pouvoir me soustraire au regard d'autrui en fermant les yeux ». Le moyen, fermer les yeux, est inadéquat à la fin, devenir invisible, et il produit une conséquence non désirée : devenir aveugle. Ou bien encore : « je vais me mettre à hurler à la mort pour que l'on m'achète un bonbon ». Le moyen, le hurlement, est inadéquat à la fin, obtenir une faveur, et il produit une conséquence non désirée : une punition.

Deuxièmement, la folie comme confusion du moyen et de la fin : croire par exemple qu'avoir en sa possession des richesses, c'est cela même le bonheur. Non pas l'instrument du bonheur comme dans l'exemple précédent, mais le bonheur lui-même. Ici, la folie consiste pour Aristote à assimiler un but au chemin qui est supposé y mener. Elle n'est plus disproportion de la cause et de l'effet issue d'un jugement incorrect, mais confusion des genres de la cause et de l'effet. Là, c'est la métaphore de l'ivresse qui s'avère intéressante, car il est bien connu que l'alcoolique se reconnaît à ce qu'il boit pour boire et non pas pour autre chose. Ici, ce qui peut être un bien comme moyen, rendre la communication plus facile avec autrui, devient un mal, déterminé comme fin, boire pour boire. Autrement dit, ce qui fait défaut, c'est alors le discernement qui permet de hiérarchiser les ordres de réalités et les liens de subordination qui les lient logiquement.

Il ressort de ces deux déterminations de la folie, déséquilibre et confusion, ou disproportion et assimilation, que la sagesse d'Aristote est tout entière en équilibre et distinction, en prudence et en discernement. La folie qu'invoque Aristote, c'est principalement un état auquel manque toute forme de prudence (*phronésis* est un des termes qui permettent de qualifier la sagesse dans ce texte). Mais qu'est-ce que la prudence ? Sans entrer dans des discussions savantes ici non pertinentes, notons seulement que, comme l'indiqua Cicéron, « prudence » vient du latin *prudentia*, qui lui-même est la contraction de *pro-videntia*, la providence. *Pro-videre* signifie simplement : voir par avance, prévoir. Autrement dit, la prudence est une faculté d'anticipation, une aptitude à prévoir ce qui va arriver (si je laisse ma main sur la flamme, je vais avoir mal, il est prudent de la retirer). La sagesse est prudence, de même que la folie est fondamentalement imprudence ; la sagesse s'inquiète de la nature des événements et s'inquiète de la contingence du monde, il va peut-être pleuvoir, il est prudent de prendre un parapluie. Dans cet exemple, l'on voit bien que la prudence est cette capacité à prendre acte du réel, à faire droit aux changements qui affectent le monde et à s'y plier. Par différence, il ressort que la folie rêve la nature des événements et maudit la contingence du monde : il pleut, c'est donc que le ciel m'en veut, raisonnement paranoïaque, ou bien : en sautant de la falaise, je vais m'envoler, indistinction du désir et du réel. Aussi, la sagesse est prudence au sens où elle se soucie de la proportion qui existe entre le moyen et la fin, et où elle s'inquiète de la causalité ; il n'est pas prudent de ne se soucier que de l'accumulation des richesses si l'on cherche à atteindre le bonheur. La folie comme figure de l'imprudence est donc le contre-exemple même de la sagesse.

3. *Prudence et discernement*

D'autre part, la folie étant déterminée comme confusion, la sagesse se voit *a contrario* définie comme discernement. Capacité à distinguer le vrai du faux, le beau du laid, le bien du mal, le moyen de la fin, ce qui fait problème de ce qui ne fait pas problème. Dis-cerner, c'est dé-limiter, définir, dé-terminer, et cette ambition est l'ambition philosophique présentée par l'*Invitation* : « la philosophie contient en soi le jugement correct et la sagesse prescriptive infaillible » (2). Parce qu'elle juge correctement, c'est-à-dire parce qu'elle décrit les choses comme elles sont, la philosophie peut prescrire, dire comment il faut agir. Parce qu'elle reconnaît l'ordre (description), la pensée peut donner des ordres (prescription) et commander l'action. Inversement, la folie produit de mauvaises descriptions, c'est-à-dire des erreurs de jugement, erreurs dont résultent des ordres néfastes. Ainsi, celui qui juge que la philosophie n'est pas nécessaire produit un jugement erroné et ce qui en résulte, l'abstention de philosopher, est une attitude dommageable. Cette position est d'ailleurs, comme nous l'avons déjà noté, complètement folle (voir « Les mots du texte » : Vérité, p. 51), puisque considérer que la philosophie est inutile, c'est déjà faire de la philosophie, juger impliquant de philosopher. Il faut donc arriver à entendre que prudence et discernement ne sont pas des termes de peu d'importance, faibles quant à leurs implications. Bien au contraire, grâce aux exemples de l'enfant imprudent et du dément qui confond tout, il ressort que ces deux aptitudes sont comme telles des vertus, c'est-à-dire des capacités dont l'exercice régulier rend possibles la moralité et le bonheur.

Aristote a donc de la folie un concept très large et englobant, non par défaut de précision, mais par force de détermination. En fait, ce qu'il appelle « folie », ou « acte insensé », ou « déraison », c'est l'ensemble des manières d'être qui, quelles qu'elles soient, ne prennent pas acte de l'existence de la pensée humaine et ne reconnaissent pas sa valeur rectrice universelle. Aussi comprend-on que les exemples de l'enfant et de l'ivrogne puissent être si souvent invoqués. Ils manifestent tous deux une pensée qui s'abîme dans sa propre particularité sans plus faire l'effort de reconnaître l'universel. Cela sous la forme du caprice (« je veux un bonbon tout de suite ») ou du vice (« il me faut tout de suite une bouteille de rhum »). La folie d'Aristote est enfance et ivresse, vice et caprice, en tous les cas, négation unilatérale de la nécessité de la distinction des ordres de réalité, affirmation sans but d'une subjectivité autocentrée et délirante.

Groupement de textes

La philosophie : seulement des mots ?

Y A-T-IL UNE ALTERNATIVE à la philosophie ? Faire autrement que philosopher ? Ce sont ces questions que pose la critique de l'idéal philosophique classique. Nous avons pu observer que tout au long de son exhortation Aristote tâchait de démontrer à son interlocuteur qu'il n'existe point de salut hors de la philosophie. Que seul l'effort spéculatif et à proprement parler métaphysique est susceptible de libérer l'homme de ses atermoiements, de son errance et de ses doutes. Nous avons d'ailleurs longuement insisté à ce propos sur la contradiction dans laquelle Aristote voudrait enfermer tous ses éventuels détracteurs en affirmant que dénier en principe la valeur de la philosophie, c'est, paradoxalement, toujours la poser à nouveau.

Mais s'il est vrai que cette conviction est partagée par une majorité de philosophes (et non des moindres, pour exemple, Hegel), il faut aussi faire droit à un autre courant de pensée qui, s'établissant généralement sur une critique de la métaphysique traditionnelle, s'efforce de penser un genre de vie accomplie extérieur à la philosophie, ou du moins de penser l'insuffisance radicale de la philosophie quant à l'accession à un hypothétique salut. La critique de la philosophie classique ou de ses dérives possibles est en effet un leitmotiv de la littérature, du théâtre, de la poésie et même... de certains philosophes, comme on le verra avec Friedrich Nietzsche. On s'intéressera donc ici pour finir, et pour apporter un contrepoint au propos aristotélicien, aux différentes formes de critiques et d'avertissements, non seulement que la philosophie s'adresse à elle-même, signalant par là sa propre incomplétude, mais aussi aux critiques que la littérature formule à son encontre. Il apparaîtra alors que, même si la pensée grecque classique et l'idéalisme allemand ont affirmé avec une incroyable vigueur la nécessité existentielle qu'il y a à se soumettre aux exigences de l'enquête métaphysique, d'autres courants et d'autres approches ont toujours coexisté avec cette tradition et ont posé, de leur côté, l'existence d'un bonheur, sinon complètement extérieur à la rationalité, du moins qui ne se contente pas uniquement d'elle. On ne s'étonnera donc pas de voir exaltés dans les textes qui suivent tantôt les passions, tantôt le merveilleux, tantôt l'imagination, tantôt la musique... Autrement dit, les figures grâce auxquelles la raison peut s'identifier et se reconnaître et par son autre, et par ce qui diffère d'elle-même.

1.

Rainer Maria RILKE (1875-1926)

«Je redoute tant la parole des hommes», *Pour me fêter*, in *Premiers poèmes* (1884-1897)

(trad. de M. de Launay, Pléiade)

Dans ce texte, Rilke cherche à prévenir un danger qui paraît inhérent à l'enquête philosophique classique et qui la poursuit toujours comme son ombre. Nous pouvons nommer ce danger le « délire de pertinence absolue », l'idée que tout serait dicible, nommable, analysable, et que la vie humaine devrait voir son caractère énigmatique résorbé dans l'espace étroit du discours rationnel et conceptuel. Ici, ce que le poète nous livre, c'est un plaidoyer en faveur de l'ineffable, une exaltation poétique de la vertu musicale du monde, de sa mélodie. Mélodie que la rationalité, si elle peut et doit sans doute la reconnaître, ne peut en aucune manière réduire ni asservir. Les choses « chantent », nous dit Rilke, et ce chant du monde auquel le poète veut nous rendre sensible est peut-être un air qu'une dérive ratiocinante et raisonneuse nous empêche d'entendre.

> Je redoute tant la parole des hommes.
> Ils expriment tout de manière si claire :
> et cela c'est un chien et cela s'appelle une maison,
> et voici le début, et la fin est là-bas.
>
> M'inquiète aussi leur esprit, leur jeu avec la raillerie,
> Ils savent tout ce qui sera et ce qui fut ;
> Ils ne s'émerveillent plus d'aucune montagne ;
> Leur jardin et leurs terres confinent directement à Dieu.
>
> Je veux toujours mettre en garde et défendre :
> restez à distance.
> J'écoute si volontiers les choses chanter.
> Vous les touchez : elles sont immobiles et muettes.
> Vous me tuez toutes les choses.

2.

Emil CIORAN (1911-1995)

« L'animal indirect », *Précis de décomposition* (1949)

(Gallimard, Tel n° 18)

Dans ce texte de Cioran, ce qui frappe le plus, c'est de voir à quel point il prend littéralement à contre-pied la thèse d'Aristote que nous avons tâché tout au long de notre commentaire de rendre intelligible, à savoir : la pensée est l'excellence de l'homme et, partant, le seul moyen possible d'accéder au bonheur. Non sans une ironie grinçante, mais aussi avec une profonde lucidité, Cioran nous arrête ici pour nous mettre sous les yeux le vertige qui prend l'homme lorsqu'il considère l'ineptie absolue de toutes ses actions et pensées. Ici la rationalité n'est pas l'excellence du vivant (la conscience résulte d'un « relâchement des réflexes » !), mais préci-

sément la chose qui éloigne du bonheur et de la plénitude, car elle se fonde dans l'expérience du déséquilibre, du manque de raison (la raison survient comme expérience douloureuse du manque de raison), l'expérience du vertige de la question qui demeure sans réponse valable.

C'est à une véritable déroute qu'on parvient lorsqu'on pense continûment, par une obsession radicale, que l'homme existe, qu'il est ce qu'il est — et qu'il ne peut pas être autre. Mais *ce qu'il est,* mille définitions le dénoncent et aucune ne s'impose : plus elles sont arbitraires, plus elles paraissent valables. L'absurdité la plus ailée et la banalité la plus pesante lui conviennent pareillement. L'infinité de ses attributs compose l'être le plus imprécis que nous puissions concevoir. Alors que les bêtes vont directement à leur but, il se perd dans des détours ; c'est l'animal indirect par excellence. Ses réflexes improbables — du relâchement desquels résulte la conscience — le transforment en un convalescent qui aspire à la maladie. Rien en lui n'est sain sinon le fait de l'avoir été. Qu'il soit ange qui a perdu ses ailes ou singe qui a perdu son poil, il n'a pu émerger de l'anonymat des créatures que grâce aux éclipses de la santé. Son sang mal composé a permis l'infiltration d'incertitudes, d'ébauches de problèmes ; sa vitalité mal disposée, l'intrusion de points d'interrogation et de signes d'étonnement. Comment définir le virus qui, en rongeant sa somnolence, l'a accablé de veilles au milieu de la sieste des êtres ? Quel ver s'est emparé de son repos, quel agent primitif de la connaissance l'a obligé au retard des actes, à l'arrêt des envies ? Qui a introduit la première langueur dans sa férocité ? Sorti du foisonnement des autres vivants, il s'est créé une confusion plus subtile, il a exploité avec minutie les maux d'une vie arrachée à elle-même. De tout ce qu'il a entrepris pour se guérir de lui-même, une maladie plus étrange s'est formée : sa « civilisation » n'est que l'effort pour trouver des remèdes à un état incurable — et souhaité. L'esprit se flétrit à l'approche de la santé : l'homme est invalide — ou il n'est pas. Quand, après avoir pensé à tout, il pense à lui-même — car il n'y arrive que par le détour de l'univers comme au dernier problème qu'il se pose — il reste surpris et confondu. Mais il continue de préférer à la nature qui échoue éternellement dans la santé, son propre échec.

3.

MOLIÈRE (1622-1673)

Les Femmes savantes (1672)

(La bibliothèque Gallimard n° 34)

*Molière n'a eu de cesse dans ses pièces comiques de fustiger la prétention illusoirement scientifique des médecins (qui à cette époque d'ailleurs empruntent encore nombre de leurs théories à Aristote), et les discours arrogants des cabots qui se piquent de philosopher, se paient de mots et d'expressions métaphysiques grandioses… mais vides. Comme le dira plus tard Courteline, demeurant en cela fidèle à Molière : « Tendez-vous rouges tabliers ! Il pleut des vérités premières ! » Dans cet extrait, nous avons typiquement là une leçon de lucidité et de réalisme que Clitandre adresse à Armande. « On aime pour aimer… », déclare Armande, et seul l'esprit, soit le principe, est digne des transports de l'homme ; thèse qui, après la lecture du texte de l'*Invitation*, doit paraître familière au lecteur. L'occasion est trop belle d'ironiser, et Clitandre ne va pas se priver de ramener sur terre son interlocutrice que la philosophie exalte jusqu'à lui faire perdre conscience de son corps.*

ARMANDE

[…] Ah ! Quel étrange amour et que les belles âmes
Sont bien loin de brûler de ces terrestres flammes !
Les sens n'ont point de part à toutes leurs ardeurs,
Et ce beau feu ne veut marier que les cœurs ;
Comme une chose indigne, il laisse là le reste.
C'est un feu pur et net comme le feu céleste ;
On ne pousse avec lui que d'honnêtes soupirs,
Et l'on ne penche point vers les sales désirs ;
Rien d'impur ne se mêle au but qu'on se propose ;
On aime pour aimer, et non pour autre chose ;
Ce n'est qu'à l'esprit seul que vont tous les transports,
Et l'on ne s'aperçoit jamais qu'on ait un corps.

CLITANDRE

Pour moi, par un malheur, je m'aperçois, Madame,
Que j'ai, ne vous déplaise, un corps tout comme une âme :
Je sens qu'il y tient trop, pour le laisser à part;
De ces détachements je ne connais point l'art :
Le Ciel m'a dénié cette philosophie,
Et mon âme et mon corps marchent de compagnie.
Il n'est rien de plus beau, comme vous avez dit,
Que ces vœux épurés qui ne vont qu'à l'esprit,
Ces unions de cœurs, et ces tendres pensées
Du commerce des sens si bien débarrassées.
Mais ces amours pour moi sont trop subtilisées,
Je suis un peu grossier, comme vous m'accusez;
J'aime avec tout moi-même, et l'amour qu'on me donne
En veut, je le confesse, à toute la personne.
Ce n'est pas là matière à de grands châtiments
Et, sans faire de tort à vos beaux sentiments,
Je vois que dans le monde on suit fort ma méthode,
Et que le mariage est assez à la mode,
Passe pour un lien assez honnête et doux
Pour avoir désiré de me voir votre époux,
Sans que la liberté d'une telle pensée
Ait dû donner lieu d'en paraître offensée.

(Acte IV, scène 2)

4.

Friedrich NIETZSCHE (1844-1900)

Par-delà bien et mal, paragraphe 198 (1886)

(trad. de C. Heim, Folio essais n° 70)

Nul autre mieux que Nietzsche n'a formulé de critique plus corrosive, acerbe, radicale, des idéaux de la métaphysique classique telle qu'elle se développe des anciens Grecs (Parménide, Héraclite) jusqu'à Hegel. Cette attaque est une constante dans son œuvre, qui se présente globalement comme une insurrection contre l'ambition existentielle (moraliste et bien-pensante) de la spéculation philosophique rationaliste. Ce qui retient ici l'attention, c'est le fait que ce texte prend dans sa ligne de mire la prétention des philosophies à faire le bonheur de l'homme (et même potentiellement de tous les hommes), à rendre possible le salut par la discipline morale du jugement et du comportement. Avec le ton irrévérencieux qui lui est familier, Nietzsche s'attaque donc à toutes les doctrines du salut qui ne font pas droit à la puissance des passions humaines, et à l'incommensurabilité des individus les uns vis-à-vis des autres.

> Toutes ces morales qui se proposent de faire le « bonheur » de l'individu, comme on dit, qu'offrent-elles sinon des compromis avec le *danger* qui menace la personne de l'intérieur ; des recettes contre ses passions, ses bons et ses mauvais penchants, dans la mesure où ils aspirent à dominer et à régner sur la conscience ; de petites et grandes roueries, des artifices, qui dégagent un relent de pharmacie domestique et de sagesse de bonne femme ? Toutes présentent des formes baroques et déraisonnables, parce qu'elles s'adressent à « tout le monde », parce qu'elles généralisent là où on n'a pas le droit de généraliser ; toutes s'expriment dans l'absolu et se donnent pour absolues ; toutes sont dépourvues du moindre grain de sel et ne deviennent supportables, quelquefois même capiteuses, qu'une fois assaisonnées, quand elles dégagent une odeur dangereuse, celle surtout de « l'autre monde ». Tout cela aux yeux de l'intelligence, n'offre pas grande valeur et n'a rien à voir avec la « science », ni encore moins avec la « sagesse » ; tout cela, je le répète, et même trois fois, n'est qu'astuce, astuce, astuce entremêlée de sottise, sottise et sottise, qu'il s'agisse de l'indifférence et de l'impassibilité marmoréenne que les stoïciens conseillaient comme un remède aux passions, du renoncement au rire et aux larmes préconisé par Spinoza avec sa prétention si naïve de détruire les passions en les soumettant à l'analyse et à la vivisection, ou encore du rabaissement des passions à un niveau si médiocre qu'il devient permis de les satisfaire tant elles deviennent inoffensives, ainsi que le réclame l'aristotélisme de la morale. Astuce et sottise aussi la morale qui consiste à jouir intentionnellement des passions, à les épurer et à les spiritualiser à travers le symbolisme de l'art, par exemple la musique, ou de l'amour de Dieu et du prochain pour l'amour de Dieu — car la reli-

gion restitue aux passions leur droit de cité, à condition que... ; astuce et sottise enfin même cet abandon complaisant et capricieux aux passions qu'ont enseigné Hafiz et Goethe, cette manière de leur lâcher audacieusement la bride, cette *licencia morum* morale et physique, telle que l'ont pratiquée, exceptionnellement, de vieux hiboux philosophes épris de boisson, chez qui une telle attitude ne « tire plus guère à conséquence ». Ceci aussi à verser au dossier de « la morale considérée comme crainte ».

5.

Howard Phillips LOVECRAFT (1890-1937)

La Clé d'argent
Démons et merveilles (1926)

(Robert Laffont)

Lovecraft est le maître de la littérature fantastique anglo-saxonne au XX*e* *siècle. Si ce texte retient l'attention, c'est, d'une part, parce que comme toute véritable fiction il est sous-tendu par une position métaphysique rigoureuse, et d'autre part parce qu'il nomme, avec cette justesse que seule atteint la littérature, un écueil propre à l'idéal philosophique rationaliste. Ici, le narrateur nous confie en effet l'histoire d'un être que la compréhension positive de l'univers déçoit et asservit, qui voit ses rêves fantasmagoriques éteints par la rigueur sceptique des savants autorisés, l'imagination châtrée par un souci rétréci de connaissance. Sans polémique, mais sans complaisance, Lovecraft livre une fine critique d'une certaine pensée philosophique. Celle qui se voudrait reine alors même qu'elle ignore la puissance du songe et les merveilles chimériques, que seuls révèlent des textes qui prennent le risque d'évoquer ce qui, pour la raison et la logique, demeure impossible.*

À trente ans, Randolph Carter perdit la clé de la porte des rêves. De nocturnes excursions par-delà l'espace en d'étranges cités anciennes et en d'inoubliables jardins aux massifs charmeurs s'étendant au-dessus de mers éthérées l'avaient, avant cette année-là, dédommagé des médiocrités de la vie. En atteignant le milieu de son âge, il sentit que, progressivement, ses privilèges lui échappaient jusqu'à disparaître à la fin complètement. Désormais, ses galères, après avoir passé les flèches d'or de Thran, ne pourraient plus jamais faire voile sur le fleuve Oukranos, ni ses caravanes d'éléphants cheminer dans le Kled à travers les jungles parfumées où, sur leurs colonnes d'ivoire, dorment, intacts et fascinants sous la lune, les palais oubliés.

Il avait lu trop de choses dans la réalité, discuté avec trop de gens. Des philosophes bien intentionnés lui avaient appris à observer les relations logiques des événements et à analyser les processus engendrant les pensées et les rêves ; après quoi le merveilleux avait fui tandis qu'il oubliait, lui, Carter, que toute vie, dans notre cerveau, n'est qu'une collection d'images et qu'il n'y a pas de différence entre celles qui naissent des objets réels et celles qui naissent de nos rêves intimes pas plus qu'il n'y a de raison de considérer les unes comme supérieures aux autres. L'habitude avait rebattu ses oreilles d'une superstitieuse vénération pour tout ce qui existe tangiblement, et l'avait rendu secrètement honteux de ses visions. Des sages lui avaient assuré que les images de ses rêves étaient puériles et vides, plus qu'absurdes, car ceux qui sont en proie à de telles images s'obstinent à les croire pleines de significations et d'intentions comme ils croient au sens de l'aveugle cosmos qui, en réalité, broie sans but le néant pour en extraire quelque chose et broie par retour ce quelque chose en un nouveau néant, n'attachant, ne reconnaissant aucune importance ni à l'existence, ni aux désirs des esprits qui pour une seconde s'agitent dans le présent puis sombrent dans l'obscurité.

Ces sages l'avaient enchaîné aux objets visibles puis lui en avaient expliqué le fonctionnement jusqu'à ce que toute parcelle de mystère ait disparu du monde. Quand, se plaignant, il s'impatienta de trouver une échappée vers le crépusculaire royaume où la magie façonnait jusqu'au plus mince fragment de vie et faisait grand cas des moindres associations de son esprit haletant d'espoir et d'inextinguible joie, les sages le poussèrent vers les terres neuves et les prodiges de la science, l'invitant à trouver le merveilleux au sein des tourbillons d'atomes et le mystère aux creux des dimensions célestes. Plus tard, lorsqu'il eut échoué, incapable de découvrir des merveilles au milieu de phénomènes dont les lois étaient connues et mesurables, les sages lui dirent qu'il manquait d'imagination et de maturité puisqu'il préférait les illusions du rêve aux illusions de notre monde matériel.

Ainsi, essayant de faire ce que font tous les autres, Carter avait prétendu que les événements quotidiens et les émotions terrestres ont plus d'intérêt que les imaginations des âmes délicates et rares. Il n'avait pas contredit les sages lorsqu'ils lui affirmaient que dans la vie réelle la douleur animale d'un porc que l'on saigne ou celle d'un laboureur dyspeptique ont autrement plus d'importance que l'incomparable beauté de Narath, de ses centaines de portes ciselées et de ses coupoles de calcédoine dont, confusément, il avait le souvenir d'avoir rêvé ; et, sous leurs directives, il s'était mis à cultiver un sens aigu de la pitié et de la tragédie.

Prolongements

Indications bibliographiques

Pour approfondir la connaissance de l'œuvre d'Aristote :

- Pierre AUBENQUE, *Le Problème de l'être chez Aristote,* PUF, 1962 ; et *La Prudence chez Aristote,* PUF, 1963. Deux ouvrages difficiles mais fondamentaux. Indispensables pour qui désire pénétrer la pensée métaphysique et éthique d'Aristote.
- Richard BODEÜS, *Le Philosophe et la cité,* Les Belles-Lettres, 1982.
- Werner JAEGER, *Aristote. Fondements pour une histoire de son évolution,* L'Éclat, 1997. Werner Jaeger est à l'origine du renouveau des recherches aristotéliciennes au XXe siècle. Un ouvrage classique.
- Suzanne MANSION, *Études aristotéliciennes,* éd. de l'Institut supérieur de philosophie (Louvain-la-Neuve), 1984. De courtes conférences et de brefs essais qui portent sur la quasi-totalité du corpus aristotélicien. Accessible et d'une aide précieuse.

Pour approfondir la connaissance de l'*Invitation à la philosophie* :

Les ouvrages qui suivent sont tous assez techniques et pour cette raison d'une lecture difficile. Nous les indiquons toutefois car ce sont les principales études (en langue française) qui concernent directement l'*Invitation.* Un lecteur intéressé et exigeant y trouvera son bonheur.

- Bernard Dumoulin, *Recherches sur le premier Aristote (Eudème, De la philosophie, Protreptique)*, Vrin, 1981.
- Ivan Gobry, *La Philosophie pratique d'Aristote*, PUF, 1995.
- D.J. Monan, *La Connaissance morale dans le « Protreptique » d'Aristote, revue philosophique de Louvain 1960*, p. 185-219.
- Émile de Strycker, « Prédicats univoques et prédicats analogiques dans le *Protreptique* d'Aristote », in *Revue philosophique de Louvain*, n° 66, 1968, p 597-618.

Sujets de dissertation

- Est-il toujours raisonnable d'être raisonnable ?
- Penser rend-il libre ?
- Faut-il toujours rester maître de soi ?
- Le bonheur est-il possible sans la sagesse ?
- Y a-t-il un souverain bien ?
- En quel sens peut-on dire que l'art imite la nature ?

Pistes iconographiques

L'*Invitation à la philosophie* d'Aristote — comme tout discours d'exhortation en général — possède, nous l'avons vu, la nature ambivalente d'un « seuil », une limite qui rend possible un passage, un franchissement, un voyage. Une frontière à partir de laquelle peuvent se déployer quelque chose comme un intérieur et un extérieur, un avant et un après de la conversion rationnelle. Il est à ce titre intéressant d'observer quel traitement la peinture, notamment surréaliste, a pu faire de ce thème du seuil. Nous engageons le lecteur à se pencher particulièrement sur les œuvres de René Magritte (1898-1967) qui sont toutes d'un profond intérêt philosophique : « Il s'agit plutôt de rêves qui n'ont pas pour but de vous faire dormir, mais de vous réveiller » (*Écrits complets*, Flammarion, 1979).

- Magritte :

La Réponse imprévue, 1933, Musées royaux des Beaux-Arts, Bruxelles.
La Perspective amoureuse, 1935, Collection particulière, Bruxelles.
Le Sourire du diable, 1966, Collection particulière, New York.
La Recherche de la vérité, 1966, Musées royaux des Beaux-Arts, Bruxelles.

Voyons voir !

- Comme il a été dit dans notre développement sur la sagesse, le texte d'Aristote pose un rapport d'identité entre voir et savoir, entre connaissance spéculative et reconnaissance visuelle, entre saisie pensante par l'esprit et saisie perceptive par les yeux. Ce thème du savoir-voir court tout au long de l'histoire de la philosophie, soit que l'on considère que la vue est le modèle perceptif empirique même de toute compréhension d'ordre théorique, soit que l'on considère que l'humain n'a accès à dieu ou au principe que par une « intuition intellectuelle » qui s'apparente à la vision. C'est là le thème du troisième œil, l'œil de l'esprit qui seul peut voir les réalités éternelles… À ce titre on ne peut manquer d'évoquer le thème du sage rendu aveugle (par exemple *Œdipe roi,* ou *Œdipe à Colone),* qui, ayant perdu la vue des choses visibles, gagne par là même la vision directe des réalités invisibles. Le sage, c'est alors le voyant, l'extralucide (lucidité : *lux,* la lumière), c'est-à-dire celui qui saisit les choses sous leur véritable jour, qui n'est donc plus dupe des apparences, car il a su ouvrir l'œil. Voir sur ce thème *L'Œil et l'Esprit* de Maurice Merleau-Ponty (1908-1961), Folioplus philosophie n°84.
- Nous attirons maintenant l'attention sur des expressions courantes ou des locutions qui manifestent ce rapport intime entre la pensée et la vue :

— « Ah oui, je vois… » : en réalité je ne vois rien, simplement je veux dire que j'ai compris. Dans le même sens : « vu ! ».

— « Regarder sans voir » : c'est-à-dire observer sans comprendre de quoi il retourne dans une situation donnée.

— « Il faut voir… » : nous allons y réfléchir.

— « C'est une manière de voir… » : de penser, de se représenter le réel, une conception du monde, ce que les Allemands appellent une *Weltanschauung*.

— « Tu vois ce que je veux dire ? » : autrement dit, le comprends-tu ?

— « Il faut ouvrir l'œil » : faire preuve de vigilance, de prudence, d'attention au réel, en ouvrant l'œil unique, l'esprit.

Collège

Combats du 20e siècle en poésie (anthologie) (161)
Fabliaux (textes choisis) (37)
Gilgamesh et Hercule (217)
La Bible (textes choisis) (49)
La Farce de Maître Pathelin (146)
La poésie sous toutes ses formes (anthologie) (253)
Le Livre d'Esther (249)
Les Quatre Fils Aymon (208)
Les récits de voyage (anthologie) (144)
Mère et fille (Correspondances de Mme de Sévigné, George Sand, Sido et Colette) (anthologie) (112)
Poèmes à apprendre par cœur (anthologie) (191)
Poèmes pour émouvoir (anthologie) (225)
Schéhérazade et Aladin (192)
ALAIN-FOURNIER, *Le grand Meaulnes* (174)
Jean ANOUILH, *Le Bal des voleurs* (113)
Jean ANOUILH, *Le Voyageur sans bagage* (269)
Marcel AYMÉ, *Les contes du chat perché* (6 contes choisis) (268)
Marcel AYMÉ, Ray BRADBURY, Dino BUZZATI, *3 nouvelles sur le temps* (240)
Honoré de BALZAC, *L'Élixir de longue vie* (153)
Henri BARBUSSE, *Le Feu* (91)
Joseph BÉDIER, *Le Roman de Tristan et Iseut* (178)
Henri BOSCO, *L'Enfant et la Rivière* (272)
John BOYNE, *Le Garçon en pyjama rayé* (279)
Lewis CARROLL, *Les Aventures d'Alice au pays des merveilles* (162)
Blaise CENDRARS, *Faire un prisonnier* (235)

DANS LA MÊME COLLECTION

Samuel de CHAMPLAIN, *Voyages au Canada* (198)
CHRÉTIEN DE TROYES, *Le Chevalier au Lion* (2)
CHRÉTIEN DE TROYES, *Lancelot ou le Chevalier de la Charrette* (133)
CHRÉTIEN DE TROYES, *Perceval ou Le Conte du Graal* (195)
Jean COCTEAU, *Antigone* (280)
COLETTE, *Dialogues de bêtes* (36)
Joseph CONRAD, *L'Hôte secret* (135)
Pierre CORNEILLE, *Le Cid* (13)
Charles DICKENS, *Un chant de Noël* (216)
Roland DUBILLARD, *La Leçon de piano et autres diablogues* (160)
Alexandre DUMAS, *La Tulipe noire* (213)
ÉSOPE, Jean de LA FONTAINE, Jean ANOUILH, *50 Fables* (186)
Georges FEYDEAU, *Feu la mère de Madame* (188)
Georges FEYDEAU, *Un fil à la patte* (226)
Gustave FLAUBERT, *Trois Contes* (6)
Romain GARY, *La promesse de l'aube* (169)
Théophile GAUTIER, *3 contes fantastiques* (214)
Jean GIONO, *L'Homme qui plantait des arbres + Écrire la nature* (anthologie) (134)
Nicolas GOGOL, *Le Nez. Le Manteau* (187)
Jacob et Wilhelm GRIMM, *Contes* (textes choisis) (72)
Ernest HEMINGWAY, *Le vieil homme et la mer* (63)
HOMÈRE, *Odyssée* (18)
HOMÈRE, *Iliade* (textes choisis) (265)
Victor HUGO, *Claude Gueux* suivi de *La Chute* (15)
Victor HUGO, *Jean Valjean (Un parcours autour des Misérables)* (117)
Victor HUGO, *L'Intervention* (236)
Thierry JONQUET, *La Vie de ma mère !* (106)

DANS LA MÊME COLLECTION

Charles JULIET, *L'Année de l'éveil* (243)
Joseph KESSEL, *Le Lion* (30)
Jean de LA FONTAINE, *Fables* (34)
Maurice LEBLANC, *Arsène Lupin, gentleman-cambrioleur* (252)
J. M. G. LE CLÉZIO, *Mondo et autres histoires* (67)
Gaston LEROUX, *Le Mystère de la chambre jaune* (4)
Jack LONDON, *Loup brun* (210)
Guy de MAUPASSANT, *9 nouvelles légères* (251)
Guy de MAUPASSANT, *12 contes réalistes* (42)
Guy de MAUPASSANT, *Boule de suif* (103)
Guy de MAUPASSANT, *Nouvelles animalières* (290)
MOLIÈRE, *Les Fourberies de Scapin* (3)
MOLIÈRE, *Le Médecin malgré lui* (20)
MOLIÈRE, *Trois courtes pièces* (26)
MOLIÈRE, *L'Avare* (41)
MOLIÈRE, *Les Précieuses ridicules* (163)
MOLIÈRE, *Le Sicilien ou l'Amour peintre* (203)
MOLIÈRE, *George Dandin ou Le Mari confondu* (218)
MOLIÈRE, *Le Malade imaginaire* (227)
Alfred de MUSSET, *Fantasio* (182)
Alfred de MUSSET, *Les Caprices de Marianne* (245)
George ORWELL, *La Ferme des animaux* (94)
OVIDE, *Les Métamorphoses* (231)
Amos OZ, *Soudain dans la forêt profonde* (196)
Louis PERGAUD, *La Guerre des boutons* (65)
Charles PERRAULT, *Contes de ma Mère l'Oye* (9)
Edgar Allan POE, *6 nouvelles fantastiques* (164)
Alexandre POUCHKINE, *La Dame de pique* (267)
Jacques PRÉVERT, *Paroles* (29)
Jules RENARD, *Poil de Carotte* (66)

Jules RENARD, *Poil de Carotte (Comédie en un acte)* (261)
J.-H. ROSNY AÎNÉ, *La guerre du feu* (254)
Antoine de SAINT-EXUPÉRY, *Vol de nuit* (114)
George SAND, *La Marquise* (258)
Mary SHELLEY, *Frankenstein ou Le Prométhée moderne* (145)
John STEINBECK, *Des souris et des hommes* (47)
Robert Louis STEVENSON, *L'Étrange Cas du docteur Jekyll et de M. Hyde* (53)
Jean TARDIEU, *9 courtes pièces* (156)
Michel TOURNIER, *Vendredi ou La Vie sauvage* (44)
Fred UHLMAN, *L'Ami retrouvé* (50)
Jules VALLÈS, *L'Enfant* (12)
Paul VERLAINE, *Fêtes galantes* suivi de *Poèmes saturniens* (38)
Jules VERNE, *Le Tour du monde en 80 jours* (32)
H. G. WELLS, *La Guerre des mondes* (116)
Oscar WILDE, *Le Fantôme de Canterville* (22)
Oscar WILDE, *Le Portrait de Dorian Gray* (255)
Richard WRIGHT, *Black Boy* (199)
Marguerite YOURCENAR, *Comment Wang-Fô fut sauvé et autres nouvelles* (100)
Émile ZOLA, *3 nouvelles* (141)
Stefan ZWEIG, *Nouvelle du jeu d'échecs* (263)

Lycée

Série Classiques

Anthologie du théâtre français du 20e siècle (220)
Écrire en temps de guerre, Correspondances d'écrivains (1914-1949) (anthologie) (260)
Écrire sur la peinture (anthologie) (68)

Encyclopédie ou *Dictionnaire raisonné des sciences, des arts et des métiers* (textes choisis) (142)
La poésie baroque (anthologie) (14)
La poésie de la Renaissance (anthologie) (271)
La poésie symboliste (anthologie) (266)
Les grands manifestes littéraires (anthologie) (175)
Le sonnet (anthologie) (46)
Le Sport, miroir de la société ? (anthologie) (221)
L'intellectuel engagé (anthologie) (219)
Nouvelles formes du récit. Anthologie de textes des 50 dernières années (248)
Paroles, échanges, conversations, et révolution numérique (textes choisis) (237)
Guillaume APOLLINAIRE, *Alcools* (238)
Honoré de BALZAC, *La Peau de chagrin* + *Ces objets qui nous envahissent... Objets cultes, culte des objets* (anthologie) (11)
Honoré de BALZAC, *La Duchesse de Langeais* (127)
Honoré de BALZAC, *Le roman de Vautrin* (Textes choisis dans *La Comédie humaine*) (183)
Honoré de BALZAC, *Le Père Goriot* (204)
Honoré de BALZAC, *La Recherche de l'Absolu* (224)
Jules BARBEY D'AUREVILLY, Prosper MÉRIMÉE, *Deux réécritures de Don Juan* (278)
René BARJAVEL, *Ravage* (95)
Charles BAUDELAIRE, *Les Fleurs du Mal* (17)
Charles BAUDELAIRE, *Le Spleen de Paris* (242)
BEAUMARCHAIS, *Le Mariage de Figaro* (128)
BEAUMARCHAIS, *Le Barbier de Séville* (273)
Jacques-Henri BERNARDIN DE SAINT-PIERRE, *Paul et Virginie* (244)

DANS LA MÊME COLLECTION

Aloysius BERTRAND, *Gaspard de la Nuit* (207)
André BRETON, *Nadja* (107)
Albert CAMUS, *L'Étranger* (40)
Albert CAMUS, *La Peste* (119)
Albert CAMUS, *La Chute* (125)
Albert CAMUS, *Les Justes* (185)
Albert CAMUS, *Caligula* (233)
Albert CAMUS, *L'Envers et l'endroit* (247)
Emmanuel CARRÈRE, *La Moustache* (271)
Louis-Ferdinand CÉLINE, *Voyage au bout de la nuit* (60)
René CHAR, *Feuillets d'Hypnos* (99)
François-René de CHATEAUBRIAND, *Mémoires d'outre-tombe* (Livres IX à XII) (118)
Pierre CHODERLOS DE LACLOS, *Les Liaisons dangereuses* (5)
Driss CHRAÏBI, *La Civilisation, ma Mère !...* (165)
Paul CLAUDEL, *L'Échange* (229)
Albert COHEN, *Le Livre de ma mère* (45)
Benjamin CONSTANT, *Adolphe* (92)
Pierre CORNEILLE, *Le Menteur* (57)
Pierre CORNEILLE, *Cinna* (197)
Marceline DESBORDES-VALMORE, *Poésies* (276)
Denis DIDEROT, *Paradoxe sur le comédien* (180)
Madame de DURAS, *Ourika* (189)
Marguerite DURAS, *Un barrage contre le Pacifique* (51)
Marguerite DURAS, *La douleur* (212)
Marguerite DURAS, *La Musica* (241)
Paul ÉLUARD, *Capitale de la douleur* (126)
Paul ÉLUARD, MAN RAY, *Les Mains libres* (256)
Annie ERNAUX, *La place* (61)
Marie FERRANTI, *La Princesse de Mantoue* (262)

DANS LA MÊME COLLECTION

Gustave FLAUBERT, *Madame Bovary* (33)
Gustave FLAUBERT, *Écrire* Madame Bovary *(Lettres, pages manuscrites, extraits)* (157)
André GIDE, *Les Faux-Monnayeurs* (120)
André GIDE, *La Symphonie pastorale* (150)
E. T. A. HOFFMANN, Jules JANIN, Honoré de BALZAC, Hector BERLIOZ, George SAND, *6 moments musicaux* (289)
Victor HUGO, *Hernani* (152)
Victor HUGO, *Mangeront-ils ?* (190)
Victor HUGO, *Pauca meae* (209)
Eugène IONESCO, *Rhinocéros* (73)
Eugène IONESCO, *Macbett* (250)
Philippe JACCOTTET, *À la lumière d'hiver* (222)
Sébastien JAPRISOT, *Un long dimanche de fiançailles* (27)
Charles JULIET, *Lambeaux* (48)
Franz KAFKA, *Lettre au père* (184)
Maylis de KERANGAL, *Corniche Kennedy* (282)
Eugène LABICHE, *L'Affaire de la rue de Lourcine* (98)
Eugène LABICHE, *La Dame aux jambes d'azur* (277)
Jean de LA BRUYÈRE, *Les Caractères* (24)
Madame de LAFAYETTE, *La Princesse de Clèves* (39)
Madame de LAFAYETTE, *La Princesse de Montpensier* (287)
LE SAGE, *Le Diable boiteux* (275)
Louis MALLE et Patrick MODIANO, *Lacombe Lucien* (147)
André MALRAUX, *La Condition humaine* (108)
MARIVAUX, *L'Île des Esclaves* (19)
MARIVAUX, *La Fausse Suivante* (75)
MARIVAUX, *La Dispute* (181)
Guy de MAUPASSANT, *Le Horla* (1)
Guy de MAUPASSANT, *Pierre et Jean* (43)

Jean RACINE, *Andromaque* (10)
Jean RACINE, *Britannicus* (23)
Jean RACINE, *Phèdre* (151)
Jean RACINE, *Mithridate* (206)
Jean RACINE, *Bérénice* (228)
Raymond RADIGUET, *Le Bal du comte d'Orgel* (230)
Rainer Maria RILKE, *Lettres à un jeune poète* (59)
Arthur RIMBAUD, *Illuminations* (193)
Edmond ROSTAND, *Cyrano de Bergerac* (70)
SAINT-SIMON, *Mémoires* (64)
Nathalie SARRAUTE, *Enfance* (28)
Jorge SEMPRUN, *L'Écriture ou la vie* (234)
William SHAKESPEARE, *Hamlet* (54)
William SHAKESPEARE, *Macbeth* (259)
SOPHOCLE, *Antigone* (93)
SOPHOCLE, *Œdipe Roi + Le mythe d'Œdipe* (anthologie) (264)
STENDHAL, *La Chartreuse de Parme* (74)
STENDHAL, *Vanina Vanini et autres nouvelles* (200)
Michel TOURNIER, *Vendredi ou les limbes du Pacifique* (132)
Vincent VAN GOGH, *Lettres à Théo* (52)
VOLTAIRE, *Candide ou l'Optimisme* (7)
VOLTAIRE, *L'Ingénu* (31)
VOLTAIRE, *Micromégas* (69)
Émile ZOLA, *Thérèse Raquin* (16)
Émile ZOLA, *L'Assommoir* (140)
Émile ZOLA, *Au Bonheur des Dames* (232)
Émile ZOLA, *La Bête humaine* (239)
Émile ZOLA, *La Curée* (257)

Série Philosophie

Notions d'esthétique (anthologie) (110)
Notions d'éthique (anthologie) (171)

DANS LA MÊME COLLECTION

ALAIN, *44 Propos sur le bonheur* (105)
Hannah ARENDT, *La Crise de l'éducation* extrait de *La Crise de la culture* (89)
ARISTOTE, *Invitation à la philosophie (Protreptique)* (85)
Walter BENJAMIN, *L'œuvre d'art à l'époque de sa reproductibilité technique* (123)
Émile BENVENISTE, *La communication*, extrait de *Problèmes de linguistique générale* (158)
Albert CAMUS, *Réflexions sur la guillotine* (136)
René DESCARTES, *Méditations métaphysiques* – « 1, 2 et 3 » (77)
René DESCARTES, *Des passions en général*, extrait de *Les Passions de l'âme* (129)
René DESCARTES, *Discours de la méthode* (155)
Denis DIDEROT, *Le Rêve de d'Alembert* (139)
Émile DURKHEIM, *Les règles de la méthode sociologique* – « Préfaces, chapitres 1, 2 et 5 » (154)
ÉPICTÈTE, *Manuel* (173)
Michel FOUCAULT, *Droit de mort et pouvoir sur la vie*, extrait de *La Volonté de savoir* (79)
Sigmund FREUD, *Sur le rêve* (90)
Thomas HOBBES, *Léviathan* – « Chapitres 13 à 17 » (111)
David HUME, *Dialogues sur la religion naturelle* (172)
François JACOB, *Le programme* et *La structure visible*, extraits de *La logique du vivant* (176)
Emmanuel KANT, *Des principes de la raison pure pratique*, extrait de *Critique de la raison pratique* (87)
Emmanuel KANT, *Idée d'une histoire universelle au point de vue cosmopolitique* (166)
Étienne de LA BOÉTIE, *Discours de la servitude volontaire* (137)

Pour plus d'informations,
consultez le catalogue à l'adresse suivante :
http ://www.gallimard.fr

Composition Bussière
Impression Novoprint
à Barcelone, le 2 janvier 2016
Dépôt légal : janvier 2016
1er dépôt légal : octobre 2006
ISBN 978-2-07-034095-3./Imprimé en Espagne.

298953